현대문학의 종합 평론

현대문학의 종합 평론

2025년 4월 25일 초판 1쇄 인쇄 발행

지 은 이 | 성광웅 (ycbnstrd@naver.com)
펴 낸 이 | 박종래
펴 낸 곳 | 도서출판 명성서림

등록번호 | 301-2014-013
주   소 | 04625 서울시 중구 필동로 6 (2, 3층)
대표전화 | 02)2277-2800
팩   스 | 02)2277-8945
이 메 일 | msprint8944@naver.com

값 25,000원
ISBN 979-11-94200-91-8

※ 잘못된 책은 교환해 드립니다.
※ 이 책 내용의 일부 또는 전부를 재사용하려면 반드시 저작권자의 동의를 얻어야 합니다.

현대문학의 종합 평론

문학평론가 성광웅 지음

도서
출판 명성서림

화사한 튤립 동산

차 례

1. 프롤로그 10

2. 자연과 삶에 대한 깊은 省察로
   서정성이 돋보이는 詩 世界의 향연을 펼치다   14
   天香 김수연 시조, 시집 『여백에 담다』, 『계단 오르기』, 『초록의 뜰』 시론

3. 우주 만물을 映像化하는 서정성 詩 世界의 지평을 열다   44
   雲海 김종억 시 「유월이 오면」, 「파도」, 「치악산(雉嶽山)」, 시집 『별빛 사랑』 시론

4. 우리나라 詩文學 世界의 발전에
   크게 貢獻하고 寄與한 中心思想의 지평을 열다   74
   靑荷 성기조 시집
   『바람이 새긴 흔적』 한.영 대역시집 『부르지 못한 슬픈 노래』 외 다수, 시론

5. 自然과 人生을 노래하며 幸福을 찾아서
   詩香의 地坪을 여는 심오한 祕密通路를 펼치다   100
   玄雄 유한권 시집 『幸福으로 가는 祕密通路』, 『시향 날개를 달다』 시론

6. 한국이 낳은 기라성 같은 詩人은 밝은 세상을 여는 先覺者이다   128
   김소월 시 「진달래」, 윤동주 시 「별 헤는 밤」, 이육사 시, 「청포도」 시론

7. 性品이 온화해 가정적이며 孫女를 사랑하는
   우리시대 할아버지의 自畵像이다　138
   東來 김용호 수필
   「할아버지가 되어」,「행복. 이 모두가 행복 아닌가」,「간절함」수필론

8. 정숙하고 해박한 文筆家로서 隨筆 世界의 새로운 지평을 열다　158
   消湖 박종숙 수필 「다육 선물」,「시간의 변화」,「고향을 그리는 사람들」수필론

9. 인간사에 積極的, 肯定的 思考와
   슬기로운 智慧로 바른 세상의 지평을 열다　176
   秋谷 이영달, 수필 「거머리」,「금선암과 글」,「젓가락」수필론

10. 인간생활의 喜怒哀樂을 주제로 한
    人生 旅程의 지평을 열어 감동을 주다　198
    김명석 단편소설 「스포일러」,「화분」소설론

11. 에필로그　246

1

프롤로그

1
프롤로그

　문학은 과거로부터 현대에 이르기까지 지속적으로 발전을 이뤄 오늘에 이른다.
　문학평론은 문학의 주제, 구조와 가치, 작가의 창작방법을 세밀하게 들여다본다. 더불어 여러 작가가 세상에 내어놓은 작품의 문학성, 예술성을 세밀히 관찰한다. 작품에서 전체적으로 제시하는 일정 기준에 따라서 검토, 판단하고 분석, 평가하는 일련의 과정을 거쳐서 문학 발전의 올바른 방향을 제시해 유도한다.
　때로는 최종 비판적인 판단에 주관적인 평가가 수반될 수도 있으나 제삼자 입장에서 객관적으로 평가 판단해 제시하므로 창작활동에 참고가 된다. 다양한 이론적 입장을 기본으로 정확한 평가를 내리므로 작가가 보고 생각지 못한 부분을 발견해 개인의 문학창작과 발전에도 지대한 영향을 주고 있다. 그래서 평론은 작가들이 문학작품을 더 깊이 이해하고 창작하는 데 도움을 준다.

　근래 사회변혁을 가져오는 인공지능 AI의 출현으로 모든 생활 분야에서 일대 개혁이 일어나 시대 상황에 따라서 사회 전반에 급격한 변화가 예상된다.

인공지능 AI은 문학의 여러 장르에도 상당한 영향과 변화를 이끌 것으로 예상해 이에 대해 사전에 대비해야 한다고 생각한다.

우리의 문학은 미래 지향적으로 계속 발전해서 누구나 문학을 좋아하고 향유하는 기반이 조성되어 즐겁고 행복한 삶이 유지되도록 현대문학의 발전이 지속적으로 펼쳐지기를 기대한다.

여러 장르의 우수한 문학작품을 선정해 평론하므로서 독자 여러분의 창작활동에 도움이 되리라 생각해 강력히 추천한다. 여기에 수록한 작가 여러분은 앞날에 문운이 들어 더욱 정진하기를 기대해 본다.

2025년 3월 15일 서재에서

2

자연과 삶에 대한 깊은 省察로
서정성이 돋보이는 詩 世界의 향연을 펼치다

天香 김수연 시조, 시집 『여백에 담다』, 『계단 오르기』, 『초록의 뜰』 시론

2

자연과 삶에 대한 깊은 省察로
서정성이 돋보이는 詩 世界의 향연을 펼치다

天香 김수연 시조, 시집 『여백에 담다』, 『계단 오르기』, 『초록의 뜰』 시론

가. 시조의 발원과 걸어온 발자취

  시조는 우리나라에서 활발히 노래하는 고유의 정형시로서 오랜 전통으로 연연히 내려오고 있다. 시조 발달의 원천은 그 옛날 수많은 전설, 설화로부터 뿌리 깊게 내려온 백제의 가요, 신라의 향가를 비롯해서 고려시대에 고려 가요로 발전하고 조선에 들어서 더욱 성행한다.
  고려 말기부터 활발히 읽히기 시작해 유구한 역사를 자랑하는 시조는 정형시로서 초장, 중장, 종장의 3장 6구 12음보 45자 내외의 기본 형태를 갖춘 평시조로서 조선에 들어와 더욱 발전했다. 우리 한민족의 전통적인 애환과 삶의 한을 내뿜는 정신적인 지주이며 그릇이다.
  조선에 들어서는 관현악을 동반해 노래하는 가곡 창으로 발전한다.
  연회를 베풀 때 장구 장단이나 무릎장단, 춤사위 등 음률가락에 실어서 시조창을 노래하는 전문가객이 등장해 노래하는 단계까지 발전한다.
  경기체가 무수한 세월을 지나며 부침을 거듭했으나 시조가 현대까지 이르는 것은 한민족의 정서에 어울리는 리듬과 음률이 적합한 형태로 발전해 노래하고 있기 때문이다. 우리의 삶과 애환이 맞아 떨어지는

멋과 맛이 리듬을 타고서 표출되는 시조의 매력은 우리 한국문학의 정신적 원천이며 지주이기 때문이다.

최남선(1890~1957))은 시조 시인, 수필가이며, 일본 와세다대학교 졸업하고, 건국대학교 교수를 역임한 학자이다.

전통 시조진흥과 연구에 심혈을 기우려 「백팔번뇌(1926년)」를 통해서 조선의 시조는 우리전통에 음률과 가락이 맞아야 한다고 강조하고 새로운 부흥운동을 전개한다.

이에 따라서 많은 동호인이 그의 뒤를 따른 시조 시인으로 이병기, 이은상이 동참하고 이광수, 주요한, 김동환 등이 창작활동에 관심을 갖고서 시조문학을 정립하는 계기가 마련된다. 그런 과정을 거치면서 현대시조의 기틀을 다시 확립한다.

시조를 이해하려면 시조의 형식에 어떤 종류가 있고, 어떤 특징이 있는지 알아야 한다. 총 5가지 형식으로 분류하는 시조는 평시조, 연시조, 엇시조, 양장시조, 사설시조가 있다.

평시조는 3장 6구 43~46자 내외 글자 수 형식이다. 초장·중장·종장 순으로 구성하며 사대부나 양반계급이 주로 읊는 시조를 말한다.

시조의 글자수와 형식

초장 3-4-3(4)-4
중장 3-4-3(4)-4
종장 3-5-4-3(4)

"예" 시

> 동창이 밝았느냐 노고지리 우지진다
> 소치는 아이는 상기 아니 일었느냐
> 재 너머 사래 긴 밭을 언제 갈려 하나니
>
> — 남구만 「동창이 밝았느냐」

약천 남구만藥泉 南九萬(1629~1711)은 충남 홍성 출신으로 조선 숙종 제19대 때의 문신이며 정치가로 영의정을 지냈다. 그는 시조 900여 수를 지어 우리 문학사에 큰 업적을 남긴 문인이다. 우리나라 최초 고시조 집 『청구영언』에 남구만 「동창이 밝았느냐」가 실려 있다.

연시조는 여러 개의 평시조가 서로 연결해 2개 이상의 평시조로 형성한 시조이다. 통상 최소 2개~4개 시조가 이어서 연결된 형식으로 이뤄지고 있다.

"예" 시

내 벗이 몇이나 하니 수석과 송죽이라
동산에 달오르니 그 더욱 반갑고야
두어라 이 다섯밖에 또 더하여 무엇하리

구름 빛이 좋다 하나 검기를 자로한다
바람 소리 맑다 하나 그칠 적이 하노매라
좋고도 그칠뉘 없기는 물뿐인가 하노라

꽃은 무슨 일로 피면서 쉬이 지고
풀은 어이하여 푸르는듯 누르나니
아마도 변치않는건 돌뿐인가 하노라

더우면 꽃피고 추우면 잎지거늘
솔아 너는 어씨 눈서리를 모르는다
구천에 뿌리 곧은줄을 그로하여 아노라

풀도 아닌 것이 나무도 아닌 것이
곧기는 뉘 시키며 속은 어이비엇는가
저렇고 사시에 푸르니 그를 좋아하노라

작은 것이 높이 떠서 만물을 다 비추니
밤중에 광명이 너만 한이 또 있느냐
보고도 말 아니하니 내 벗인가 하노라

- 孤山 尹善道 「오우가五友歌」
* 광주광역시 서구문화원 시비 오우가 참조

고산 윤선도孤山 尹善道(1587년~1671년)는 1587년 한성(서울)의 연화방에서 출생했다. 1671년 7월 16일, 현종 12년 85세로 한 많은 세상을 등진다.

조선의 여러 고위직 벼슬을 지낸 조선 중기, 후기 시인, 정치인이다. 정철, 박인로, 송순과 함께 조선시대 시조의 대표적인 인물이다.

여러 번 유배를 당하고 복귀하나 귀양지 전라남도 해남군 보길도 낙서재樂書齋에서 어부사시사漁父四時詞 등 많은 유명한 시를 지어 전해 내려온다.

그는 물, 바위, 소나무, 대나무, 달 등 다섯 벗을 삼아 지은 오우가五友歌는 당대의 유명한 시조로서 고독하고 서운한 마음을 달래려 자연에 실어서 시름을 잊고자 했다.

엇시조는 평시조보다 조금 더 긴 형식의 시조이다. 초장·중장·종장 구절의 글자 수가 더 긴 시조이다. 평시조에서 조금 벗어나서 엇시조라고 이름을 붙였다.

"예" 시

  青山도 절로절로 綠水도 절로절로
  山 절로 水 절로 山水間에 나도 절로
  그中에 절로 자란 몸이 늙기도 절로절로

        - 송시열 「청산도 절로 절로」

우암 송시열尤庵 宋時烈(1607~1689)은 조선 중기 정치가, 유학자, 문신이다. 노론의 영수로서 인조부터 숙종까지 4대를 섬긴 원로대신이다. 조선 당쟁사의 주요 인물 중 한 사람으로 후학으로부터 공자, 주자에 버금간다며 송자朱子라고까지 불렀다. 충청도 옥천군에서 태어나 숙종 15년, 1689년 7월 19일, 향년 81세로 전라도 태인현(정읍)에서 사사형을 당한다.

양장시조는 중장이 생략한 형식이다. 평시조는 초장·중장·종장으로 구분되는데, 양장시조는 중장이 생략된 시조이다. 평시조보다 글자 수가 더 적다.

"에" 시

뵈오려 안 뵈는 님 눈감으니 보이시네
감아야 보이신다면 소경 되어지이다

― 이은상 「소경되어지다」

노산 이은상鷺山 李殷相(1903~1982)은 경남마산에서 출생했다. 연희전문학교, 일본 와세다 대학교 사학과를 졸업하고, 경희대학교문학박사, 연세대학교 명예문학박사 학위를 받았다.
이화여자대학교, 서울대학교, 영남대학교 교수를 거치고, 한국민족

문화협회장, 한국 시조작가 협회장 등을 역임했다. 노산 이은상은 시인, 교육자, 역사가이다.

「가고파」,「금강에 살으리랏다」,「그리워」 등 많은 가곡의 작사자이며 난중일기번역, 이충무공 일대기 등을 저술해 이 충무공 연구에 큰 업적을 남겼다.

노산 이은상 「소경되어지다」는 1932년 발표한 양상시조로서 첫 시조집 『노산 시조집』에 실려 있다. 양상시조는 시조의 초장·중장·종장 중에서 중장을 생략하고 초장·종장만으로 이뤄진 시조를 말한다.

사설시조란 초장·중장·종장 형식이며 글자 수에 제한이 없는 시조를 말한다.

중장·송장이 길어 대화제도 음률이 이뤄져 있다. 대사제로시 일상 이야기가 주류를 이루며, 주로 평민이 많이 애용했다.

"예" 시

    밝가버슨 兒孩들리 검믜줄 테를 들고 개천으로 왕래하며
    밝가숭아 밝가숭아, 져리 가면 죽느니라, 이리 오면 사느니라, 부르나니 밝가숭이로다.
    아마도 世上의 일이 다 이러한가 하노라.

- 이정신李廷藎「밝가버슨 아이들이」

호는 백회재 이정신 百悔齋, 李廷藎은 조선 제21대 영조(1724~1776) 때 현감을 지냈다. 가객으로 창에도 뛰어난 시조 시인이다,

위에서 시조에 대한 여러 형식의 시조를 예를 들어가며 일일이 해설했다.

오랜 세월 동안 한국적 고유의 서정시 시조를 기반으로 많은 발전을 이뤄 왔다.

시조의 노래 가락은 우리 서민이 주로 부르는 가곡, 민요, 경기민요, 남도민요, 판소리 등으로 발전했다. 시조의 가락과 음률에 맞춰서 가야금, 거문고, 아쟁, 해금, 단소, 대금, 장구, 등 악기를 활용해 흥을 돋우고 우리 고유의 춤사위에 맞춰서 서민의 애환을 풀었다.

나. 天촙 김수연 시조 시인은 강원도 태백 출신으로 인생을 살아오면서 많은 경륜을 쌓았다.

시인의 면면을 들여다보면 수연꽃꽂이 중앙회 회장, 시조 시인, 문학평론가, 아동문학가, 평생교육원 시 창작 강사, 독서 지도사, 공주산업대학 꽃꽂이 교수 역임, (사)한국문학협회 부이사장, (사)국제PEN한국본부 이사 및 전통문화위원회 위원, (사)한국산림문학회 이사 및 미래목영 위원회 위원, (사)한국시조 시인협회 운영위원, (사)한국문인협회 미주지회 한미문단 회원, (사)한국아동청소년문학회 독서진흥위원을 비롯한 문화예술계, 학계, 문학계의 수많은 주요직을 수행했다.

주요 문학상으로 위대한 한국인 100인 대상, 2016 시문학발전혁신

공로대상, (사)한국문인협회 미주지회 해외시조문학상, 한국문학 시조 부문 충무문학상 등을 받았다.

자연, 특히 산을 좋아하는 시인은 시, 시조의 주제가 자연을 대상으로 하는 서정성의 노래가 주류를 이룬다.

산의 푸르른 나무와 무성한 수풀, 바위와 흙, 바다, 하늘 등 자연의 아름다움을 노래하는 시의 구절이 정답고 다정하게 다가와 만인이 좋아한다. 그런 시인은 성품이 순수하고 고귀해 뿜어내는 시, 시조의 울림이 남다르게 독특한 감성으로 다가온다.

지구상에 인류가 수천 만 년을 살아오면서 자연을 우러러보며 산, 바다, 하늘을 찬양하고 노래하며 살아왔다. 특히 산을 배경으로 한 시조, 시가 두드러지게 아름다운 노래로 표출되고 있어 자연의 순수한 아름다운 마음이 내면에 깔려 있어 밖으로 나타나는 심오한 표상이 곳곳에서 감지되고 있다. 고로 심성이 부적 작한 시인의 일면을 들어 내보이고 있다.

현재 시집 『꽃이 부르는 노래』외 5권, 시조집 『초록의 뜰』외 3권, 저서 『한국전통꽃꽂이』외 3권, 동시집 『꿈이 자라는 나무』 등 15권을 상재했다.

다. 天香 김수연 시인의 시 세계

시인은 자연을 노래하는 서정적인 시향이 아름다운 향기로 뿜어내고 있어 수많은 독자의 가슴에 울려 펼쳐진다. 산을 좋아하는 시인은 가는 곳마다 자연의 아름다움을 노래하고 그림처럼 시적으로 묘사해 펼치고 포근히 담아내어 독자에게 잔잔한 감동을 줘서 특이하게 다가

오는 마력을 지니고 있다.

　김수연 시, 시조집 『여백에 담다』, 『계단 오르기』, 『초록의 뜰』에서 선정한 여러 시편 중 「꽃길」, 「물색도 모르고」, 「수선화」, 「숲에서는 그냥 행복하다」, 「초록이 물들다」, 「잘 해낼 수 있을 까」, 「허공의 그 울림」, 「높아서 더 가보고 싶네」, 「나무가 꿈틀 했다」, 「아름드리 그루」, 「소나무와 왈츠를 추다」, 「여행의 맛」을 시론 하고자 한다.

⑴. 꽃은 아름다움에서 끝나는 것이 아니라 모든 사람에게 새로운 희망을 준다.

인생은 꽃길을 밟아야 한다. 라는 말을 생각만 해도 가슴이 저려온다. 사람이 살면서 그 얼마나 바라고 원하는 길인가.

노래가사 꽃길, 김세정의 노래가사에 '한 송이 꽃을 피우려 작은 두 눈에… 우리의 가슴을 울린다.'. '겨울이 와도 마음속에 봄 향기 가득한 것은 한결같이 시들지 않는 사랑 때문이지요.

바닥에 떨어지더라도 꽃길만 걷게 해 줄게요, 한 송이 꽃을 피우려 작은 두 눈에 얼마나 많은 비가 내렸을까?' 가사가 너무 좋아 듣는 이로 하여금 잔잔한 심금을 울리게 한다.

    열 푸른 꽃 언덕에 꽃 멀미에 우는 산새
    푸른 잎 사이에서
    붉은 꽃을 내민다고
    부리로 꽃송이 쪼아 톡, 튀는 이슬방울

    기지개 쭉 켜 뻗친 가지를 쳐들고서
    새소리 시끄러워
    또 한 봄이 눈을 뜨면
    먼 산에 자욱한 안개 실꾸리로 풀리고

    봄바람 드잡이질 우수수 꽃 다 떨궈
    눈처럼 제 몸 떨궈
    향기마저 밟히는데

발 한 번 잘못 디디면 슬픔인 듯 아플라

- 「꽃길」 전문

　꽃은 아름다움의 상징, 화사하게 피는 꽃향기는 만인이 좋아한다. 꽃길은 인류가 바라는 희망과 행복의 뜻을 내포하고 있다.
　푸르른 산언덕에 화사하게 피는 꽃 멀미에 앉아 지저귀는 산새는 푸른 잎 사이에서 붉은 꽃을 내민다고 하며, 부리로 꽃송이를 쪼아 톡, 튀며 떨어지는 이슬방울의 상징을 시인은 수사법을 동원해 이미지화해 그림같이 그리고 있다.
　울창한 나무 가지 사이에서 우는 새소리가 시끄럽고 따스한 봄, 무더운 여름이 지나 산야에 자욱한 안개가 피는 가을에 접어드는 계절의 순환법칙을 시적 묘사로 은유를 들어 절절히 표현하고 있다.
　봄바람이 일시에 불어와 꽃잎이 눈처럼 주위에 떨어지고 향기마저 잃는 이 시기에 계절이 지나는 슬픔인 듯 만발했던 꽃이 서서히 떨어지고 향기마저 사라지는 우수수 가을의 정취를 활유법으로 이미지화해 풍경화처럼 그리고 있어 잔잔한 감동을 주고 있다.

⑵. 물색은 물체의 빛깔을 말한다. 또는 무엇인가 찾을 때, 어떤 기준에 맞춰보는 물건, 사람, 장소를 고르는 일을 차별화해 구분하는 말이다.

수락산 계곡물에 금붕어가 살고 있다
산 속에 오기까지 무슨 일을 당한 걸까
올챙이 틈에 섞여서 볼록 내민 아랫배

수족관 유영하던 좋은 날도 있었을 터
숨을 곳 찾지 못해 산 빛 그늘 맴돌다가
꼬리만 바들거리니 어찌하나 이 일을

병 없이 상처 없이 살았을까 너도나도
때마침 바람 불어 엉킨 생각 흩뿌리며
먹먹히 목이 멘 울음 휴지 속에 구겼다

-「물색도 모르고」 전문

    수락산 계곡물에 금붕어가 살고 있다, 라고 하는 시인은 금붕어는 주로 애완용으로 수족관, 어항에서 기른다. 어찌하여 여기 산속에 오기까지 무슨 일을 당한 걸까, 하고 의문을 제기하는 시인은 올챙이 틈에 섞여서 볼록 내민 아랫배가 눈에 들어와 애처롭게 느끼고 있다.
    수족관 유영하던 편안하고 좋은 날도 있었을 터인데 하고 의문을 제기 하는 시인은 숨을 곳 찾지 못해 산 빛 그늘 맴돌다가, 꼬리만 바들거리니 어찌하나 이 일을 하며 가엽은 눈초리로 유심히 바라보고 있다.
    하 세월을 지나며 병 없이 상처 없이 살았을까 하고 시인은 너도나도 살아온 여정을 되돌아보며 여러 가지 생각에 잠시 깊게 잠길 무렵, 때마침 바람이 불어와 멈칫 깊은 생각을 저버리고 다시 되돌렸다는 시인은 측은지심, 감수성이 풍부한 대유법을 활용해 시적 묘사 메타포로 에둘러 표현하고 있어 깊은 감동을 주고 있다.

(3). 수선화는 내한성이 강한 비늘줄기로서 이른 봄에 개화한다. 화단용으로 꾸미는 수선화는 흰색, 노란색의 줄기 꽃으로 한국을 비롯한 동북아시아, 지중해 연안에 자생하고 있다. 수선화는 물에 사는 선녀, 水仙처럼 물가에 많이 자란다. 자기 사랑, 자존심, 고결, 신비의 뜻이 있다. 크기 10~50cm, 개화 시기는 12월~3월이다.

거울 못에 황금 종을 매달아서 쟁글쟁글
경지에 오른 순간 말거리 무성해져
손쉽게 이름 얻은 줄 말이 말을 만들고

아프게 박혀드는 가시의 응시 속에
마음속 구비마다 얼룩은 깊어지고
꽃다운 혼이 기진해 향기마저 없는데

이제는 찔린 가슴 감싸고 몸 낮추어
눈총 밖을 돌아 나와 시새움 내려놓자
갈망은 이미 지났고 홀로 꽃이 빛났다

- 「수선화」 전문

거울 못에 황금 종을 매달아서 쟁글쟁글하게 피어 있고, 경지에 오른 순간 말거리 무성해져서 손쉽게 이름 얻은 줄 말이 말을 만들고 있다고 표현하는 시인은 아프게 박혀드는 가시의 응시 속에 마음속 구비마다 얼룩은 깊어지고, 꽃다운 혼이 기진해 향기마저 없는데, 이제는 찔린 가슴 감싸고 몸 낮추어, 눈총 밖을 돌아 나와 시새움 내려놓자, 갈망은 이미 지났고 홀로 꽃이 빛났다고 시인은 활유법으로 의인화 해 시적 묘사로 메타포를 에둘러 표현하고 있다.

(4). 숲은 나무가 무성한 수풀의 준말이다. 숲은 모든 생명의 근원이다. 숲에서 나오는 음이온은 오염물질의 양이온을 중화시켜 건강하고 지속 가능한 삶의 원천을 이룬다. 숲은 물의 흐름, 순환, 토지의 생존과 보존에 영향을 줘서 수많은 생물의 서식지 역할을 한다. 자연 휴양림은 인간에 주요한 안식처, 휴식처를 제공한다.

숲속은 펑 소리만 구구절절 애절한데
바위에 졸졸대는 산 빛 닮은 물소리는
흐름을 얼 키고 설 켜 돌이끼를 적신다

하늘에 맞닿은 키 떡갈잎을 지붕 삼아
빗나간 햇살 쪼아 요란 떠는 그들끼리
어울려 도망간 새여
하늘로 올라가라

칡넝쿨 손발 뻗어 일어나는 여름 한낮
꽃향기 숲을 이룬 울렁이는 달콤함에
멀미에 눕는 게으름 구름이 웃고 간다

- 「숲에서는 그냥 행복하다」 전문

자연의 숲은 우거진 수풀을 말하고 우리 인류에게 신선한 안식처, 휴식처를 제공한다. 오존, 아황산가스, 질소 산화물 등의 대기오염물질을 흡수하여 정화해 맑고 고운 신선한 공기를 제공한다. 그리고 숲은 도시환경의 열섬 현상을 완화해 쾌적하고 건강한 환경을 조성해 우리의 삶에 일조한다. 숲은 도심 속의 작은 공간이라도 신선한 공기를 제공해 휴식과 편안한 마음으로 행복하게 한다.

숲속에서 들리는 꿩 소리만 구구절절 애절한데, 바위에서 졸졸 흐르는 물소리는 오랜 세월 얼 키고 설 켜 돌이끼를 적신다, 라고 하며 자연 산세의 적나라한 풍경을 여실히 그리고 있다. 하늘 높이 솟은 나무의 떡갈잎은 무성해 지붕을 이루고, 수풀이 우거진 숲속에 내리비추는 눈부신 햇살을 받으며 지지배배 지저귀며 울어대는 소란스러운 새들의 모습을 수사적으로 묘사해 잘 표현하고 있다.

인기척에 하늘로 높이 나는 새들의 모습을 회상하며, 칡넝쿨이 무성하게 손발처럼 사방으로 뻗어 자라는 여름 한낮에 꽃향기로 숲을 이룬 대자연의 편안한 분위기를 연출하는 환상의 이미지화에 시적 묘사로 에둘러 표현하고 있다

(5). 울창한 숲속이 초록에 물들면 숲을 이룬 나무 아래 펴져 있는 화사한 꽃들은 알록달록 아름다움을 들어내며 향기를 뿜어낸다.

풍성한 나뭇가지 잎 사이에 햇살이 스며드는 곳마다 초록이 반짝반짝 빛난다. 여기저기서 기지개 켜는 초록색 잎사귀가 바람에 실려서 춤추는 소리가 경쾌하다.

귀를 간지럽게 재잘 되는 새들의 지저 김에 나무, 꽃들이 깨어나 기지개를 켠다.

계곡에 졸졸 흐르는 실개천 물소리가 미풍에 실려서 오케스트라 합창곡으로 우리의 가슴에 와 닿으며 초록색 자연을 풍요롭고 화사하게 수놓아 아름다운 풍경화를 그리고 있다.

풀 향기 배어 있는 매봉산 둘레 길에
기척에 낯가리는 후투티 새 땅만 쿡쿡
꿩 깃털 같은 머리 깃 까닥이며 눈인사

온종일 파란문장 읽어내다 멈춰서니
조붓한 산마루에 구절초 꽃 넘쳐난다
흰나비 내려앉아서 떠날 줄을 모르고

산 빛도 하늘빛도 한 폭의 풍경화로
온 산이 그린 듯 파랑으로 걸려있어
풀냄새 흠뻑 들어서 한걸음 내 디딘다.

- 「초록물이 들다」 전문

풀 향기 배어 있는 매봉산 둘레 길, 기척에 낯가리는 후투티 새가 땅을 쿡쿡 찍으며 꿩 깃털 같은 머리 깃 까닥이 좌우로 흔들어 눈인사를 한다고 하는 시인은 그 모습의 상징을 이미지화해 수사법을 동원해 아름답게 표현하고 있다.

온종일 산야가 푸르게 물든 광경을 바라보니 산마루에 구절초 꽃이 피어 만발하고 흰나비 내려앉아서 그 향기에 취해 하느적하느적 춤추며 떠날 줄을 모른다고 표현하는 시인은 시적 묘사로 에둘러 이미지를 그리듯 노래하고 있다.

산 빛도 하늘빛도 한 폭의 초록 풍경화로 온 산이 그린 듯 파란색으로 물들어서 자연의 풀냄새로 흠뻑 젖어 몸과 마음이 한결 가벼워 기분마저 상쾌하다는 시인은 시적 묘사로 그 상황을 어쩌면 그렇게 잘 그리며 표현하고 있는지……

(6). 한국인이 즐기는 여가 활동은 심신단련, 기분전환 등을 위한 여행, 수영, 등산, 스포츠 활동 등에 참여를 하는 다양한 레저 활동이 있다. 특히 단체나 동호인, 개인이 자기 취미생활로 한가로운 시간을 활용해 여가를 즐기는 행위를 말한다.

등산은 산에 오르는 일로서 산과 사람과의 힘겨운 싸움이다. 등산은 산에 오르는 과정을 통해서 체력 단련운동과 극기, 정신 함양, 취미, 여가 활동, 탐험 등의 목적으로 이뤄지기도 한다. 파주 팔일봉 (462.5m)은 마장호수를 둘러싸고 있는 산이다.

외롭게 마장호수 출렁다리 굽어보는
팔일봉 이정표는 날개 펴고 서 있고
흐르는 땀방울만큼 산 높이는 낮아져

구름자락 몸에 두르고 숲 그늘을 지나
산 빛을 핥고 사는 산 까치 울음 밟고
난 지금 할 일 이란 게 그냥 산에 오르지

고갯마루 위에서 가늠하는 높이를
무거운 발자국에 패이던 시간 재며
어디서 출발 했던지 그 산은 그 자리니

-「잘 해낼 수 있을 까」전문

   마장호수 출렁다리 굽어보는 팔일봉 이정표는 외롭게 날개 펴고 서 있고 흐르는 땀방울만큼 산 높이는 낮아져 있다, 라고 하는 시인은 오랜 시간 등산하며 힘들게 오른 목적지에 도달하는 순간, 오르던 산은 저 아래 있다고 실감 있게 표현하고 있다.
   구름이 산에 오르는 등산객의 몸을 휘어 감고 지나갈 무렵, 산에 사는 산 까치 울음소리를 들으며 산에 오르고 있는 현실을 적나라하게 노래하고 있다.
   저 멀리 고갯마루를 힘겨워 걸으며 무거워진 발자국에 시간을 재며, 아래서 위로 등산해 오른 산은 어디서 출발해 올랐거나 그 산은 그 자리에 있다고 하는 시인은 등산 시 체험하는 산세의 상징을 시적 묘사로 에둘러 노래하고 있다.

(7). 산울림은 메아리라고도 한다. 소리가 날 때 직접 전달된 어떤 물체에 부딪혀 반사되어 다시 연속적으로 재 전달되는 현상을 말한다. 그리스 신화에서 유래한 에코 echo는 산울림이라고도 한다.

> 상수리 넓은 잎에 파도치는 푸른 바람
> 높다란 가지 위에 짝 찾는 휘파람 소리
> 푸드득
> 깃을 포개는
> 성스러운 울음이
>
> 성산의 높이를 모르고도 그 높이에
> 하늘을 불러내어 흔들리는 메아리
> 온 세상
> 울리는 화음
> 화답하는 산울림
>
> 한곳을 바라보니 멎어 버린 남근 바위
> 비바람 한숨 섞인 사연은 들었을지
>
> 생각이 먹먹해지며
>
> 발걸음이 꼬인다
>
> -「허공의 그 울림」전문

허공이란, 텅 빈 공간 또는 공중을 말하고, 울림은 메아리라고도 하며 어떤 물체에 반사해 돼 들리는 현상을 말한다.

상수리 넓은 잎에 파도치는 푸른 바람, 높다란 가지 위에 짝 찾는 휘파람 소리 푸드덕 깃을 포개는 성스러운 울음이 성산의 높이를 모르고도 그 높이에 하늘을 불러내어 흔들리는 메아리, 온 세상 울리며 화답하는 산울림, 한 곳을 바라보니 멎어 버린 남근 바위, 비바람 한숨 섞인 사연은 들었을지, 마음이 혼란스러워 생각이 먹먹해지며, 발걸음이 꼬인다. 라고 하는 시인은 인간사 어렵고 힘든 희로애락의 사연을 되새기며 깊은 생각에 잠겨서 발걸음마저 가누지 못하고 뒤 엉켜 서로 감긴다. 고 활유법, 수사법을 동원해 그 상징을 이미지화해 에둘러 표현해서 잔잔한 감동을 주고 있다.

(8). 등산이란 운동이나 놀이, 탐험을 위해 산에 오를 것을 말한다.

북한산 국립공원은 수많은 능선에 따른 등산로, 계곡을 이르는 실개천, 험한 암벽코스, 다양한 산행코스가 있어 오르내리는데 늘 새롭다. 정상인 백운대 트레킹 코스는 길이 험하지 않아 3시간이면 오르내릴 수 있는 거리이다. 북한산 형제봉(463m)으로 가는 트레킹 코스(평창동)는 바윗길이 가파르지 않아 편안한 산책길로 이어진다.

> 겨울 숲 나무들은 묵상에 들었는지
> 구름 한 점 없는 하늘 향해 뻗친 잔가지
> 실핏줄 거머쥐고서 푸른 날을 꿈꾸나

정상에 닿기까지 쉼과 걷기 반복하며
지쳐서 큰 소나무 둥치를 안고 서면
머물다 가는 것조차 염치없는 일 같다.

형제봉 올라서면 도봉산이 마주 보여
한참을 바라보고 나서야 발길 옮겨
바람을 막아보려고 웅크리는 어깨 숨

비석대는 낙엽 길 헤쳐 가며 걷는 동안
인생 또한 수월한 게 없다는 걸 알게 돼
산길이 가파를수록 하늘이 더 가깝다

- 「높아서 더 가보고 싶네」 전문

    겨울 숲 나무들은 잎사귀들이 떨어져 구름 한 점 없는 하늘을 향해 뻗친 잔가지들이 새 희망의 날개를 펼치며 꿈꾸고 있다고 시인은 자연 현상을 적나라하게 표현하고 있다. 정상에 오르기까지 쉼과 걷기를 반복하며 지쳐서 큰 소나무그늘에서 머물다 가는 것조차 염치없는 일이라고 사유를 들어 해설하고 있다.

    시인은 형제봉 올라서면 저 멀리 도봉산이 마주 보여 한참을 바라보고 나서야 발길 옮기고 바람을 막아보려고 웅크려 어깨춤을 숙이며 비석대의 낙엽 길 헤쳐 가며 걷는 동안 지치고 힘들어서 인생사에 수월한 게 하나도 없다는 인생철학을 시인 자신이 논하고 있다. 높이 우러러보는 하늘은 누구나 꿈과 희망이 이뤄지기를 바라는 상징물이기도 하다. 험한 높은 산을 오를수록 하늘이 더 가깝게 느껴진다며 힘든 산행의 상징을 이미지화해 시적 묘사로 에둘러 표현하고 있다.

(9). 아버지란 자기를 낳아준 남자를 부르는 말이다. 아버지란 이름은 세상에서 큰 나무에 비유한다. 아버지는 기분 좋을 때 헛기침하고, 겁이 날 때 너털웃음을 웃는 사람이라고 한다.

　　　　아버지 닮아 곧은 나무 메타세쿼이어
　　　　하늘에 닿아 있어 숨죽여 올려보다
　　　　큰 나무 그늘에 들면
　　　　안길 마음 기댄다

　　　　살면서 쪼개지고 속 터지는 천둥번개
　　　　지그시 눈 감고 긴 한숨만 내 뱉으며
　　　　비구름 돌려세우고 한 없이 주던 사랑

　　　　숲길의 그 너무나 길이와 높고 낮음
　　　　아무도 모르는 길 앞만 보고 가야 할 때
　　　　그래도 쉬어가면서
　　　　굽은 길도 잘 왔다

　　　　　　　　　　- 「나무가 꿈틀 했다」 전문

아버지 닮아 곧은 나무 메타세쿼이어처럼, 높이 솟아 하늘에 닿을 것만 같은 위세에 숨죽여 올려다볼 때는 큰 나무 그늘에 안기고픈 마음이 생겨 기대고 싶었다는 시인은 인생살이 굽이굽이마다 쪼개지고 속 터지는 천둥번개처럼 일어나도 지그시 눈 감고 긴 한숨만 내뱉으며, 비구름 돌려세우듯 한없이 주던 아버지의 깊은 사랑은 크고 위대하다는 표현을 서정적으로 수사적 묘사로 예를 들어 말하고 있다.

인생 여정의 숲길을 헤쳐 나오며 길고 높고 낮음, 아무도 모르는 여정의 길에서 앞만 보고 가야 할 때, 그래도 쉬어가면서, 험한 인생길 굽은 길도 잘 돌아서 왔다, 라고 하는 시인은 안도의 한숨을 쉬면서 활유법을 동원한 의인화로 수사적 기법 메타포로 에둘러 표현하고 있다.

(10). 아름드리 그루란 수령이 상당한 세월을 보내며 자란 큰 나무를 총칭해 말한다.

노목에 돋은 잎새 푸르게 피가 돌아
배인 자리 가려주고 성근 그늘 드리워서

지나던 길손들 모여
정 깊은 소식 듣네

여물지 않은 사연 아쉬움을 흘려놓고
한 나절 지친 햇살 높이 뜨자 등 떠밀려

　　　　한 사람 떠나자마자
　　　　산새가 기웃 대네

　　　　　　　　-「아름드리 그루」 전문

　　노목에서 새싹이 돋아나 잎 새가 푸르게 자라 피어나고 나무가 서서히 온기가 돌아 생명이 자라서 크며, 성장해 그늘을 드리워서 지나던 길손이 모여 앉아 오가는 정 깊은 소식을 듣는 장소를 제공한다는 시인은 확실치 않은 사연을 들려주지 못한 아쉬움을 흘려놓고서 한 나절 햇살이 높이 뜨자 주섬주섬 떠나고 마지막 등 떠밀려 한 사람이 자리를 뜨자마자, 그 틈새에 산새가 찾아든다며 그 상황을 이미지화해 시적 묘사로 메타포를 에둘러 노래하고 있다.

　　(11). 수풀이 우거진 산야 소나무에 바람이 불어와 하느적 하느적 춤을 주는 형상이 마치 왈츠춤을 추고 있는 형상으로 보이고 있다

　　　　한 줄기 부채바람 누운 나무 일으키니

　　　　다투어 바람소리 새소리 끼어들어

　　　　흰 구름 푸른 소나무 바람에 뒤집혀서

　　　　석양이 솔기 풀어 끌어안지 않았어도

　　　　온 산을 무대삼아 뜨겁게 흔들릴 때

눈부신 나무 키 돋다, 푸름을 펼치더니

- 「소나무와 왈츠를 추다」 전문

  한 줄기 부채 바람이 누운 나무 일으키나 싶더니 다투어 바람소리 새소리가 끼어들어 흰 구름 푸른 소나무 바람에 뒤집혀서 석양이 지고 있는 온 산을 무대 삼아 뜨겁게 흔들릴 때, 하느적 하느적거리며 눈부시게 나무가 왈츠 춤을 춘다는 시인은 주위에서 자연현상의 상징을 이미지화해 시적 묘사로 에둘러 노래하고 있다.

  (12). 여행의 즐거움이란 우리 인간 생활에 다양한 여향을 준다. 여행을 어디로, 누구와 함께 가고, 봄, 여름, 가을, 겨울 등 언제 가는가에 따라서 즐거움이 배가 된다.

    온밤을 달려가면 기꺼이 맞이하는
    발가벗은 선바위 꼭대기에 비추던
    아침 해
    황홀히 퍼져
    금빛의 출렁거림

    밤과 낮이 바뀌고 마주한 뜨거움이
    하루를 안아 품고 서서히 빠져들어
    백룡담

푸른 물속은
　　경이로움 차고 넘쳐

　　액체 같은 햇살이 수면 위를 휘저을 때
　　저 바람 파고들어 시리게 흔들리며
　　태화강
　　심리 대밭이
　　용암정을 기웃 댄다

　　　　　　　－「여행의 맛」 전문

　여행이란 새로운 미지의 세계를 만나는 설렘으로 유람, 휴식, 모임을 위해 사는 곳을 벗어나 다른 지방, 외국으로 떠나는 것을 말한다.
　온밤을 달려가면 기꺼이 맞이하는 빌가빗은 신바위 꼭대기에 비추던 아침 해가 황홀하게 떠올라 금빛처럼 출렁이며 세상을 환하게 비추고 있다. 고하는 시인은 이런 자연현상에 의해 밤과 낮이 바뀌고 맞이한 하루해에 서서히 빠져들어 가고 있다고 수사 기법을 동원해 적절히 표현하고 있다.
　백룡담의 푸른 물속은 경이로움이 차고 넘쳐서 액체 같은 햇살이 수면 위를 휘저을 때, 저 바람이 파고들어 시리게 흔들리며, 태화강 심리 대밭에 용암정이 기웃 댄다고 하는 그 상징을 활유법으로 이미지화해 시적 묘사로 에둘러 노래하고 있다.

라. 天香 김수연 시인의 시 세계

시인은 연시조를 주로 쓰고 있다.

자연을 노래하는 서정적인 시향이 그윽하게 묻어나 사람의 가슴에 잔잔하게 울려 펼쳐진다. 산을 좋아하는 시인은 가는 곳마다 자연의 아름다움이 그림처럼 시적으로 묘사해 펼쳐서 뭇사람의 감성을 자극해 포근히 느끼게 하는 마력을 지니고 있다.

자연을 주제로 한 언어의 직조에 번지는 묘미와 이를 탄력적으로 이어지는 이미지와 상징은 天香 김수연 시인만의 독특한 시적 소재의 특징을 가지고 있어서 시적 언어와 감각이 탁월하다.

앞으로 문운이 들어 대성하기를 바란다.

3

우주 만물을 映像化하는
서정성 詩 世界의 지평을 열다

雲海 김종억 시
「유월이 오면」, 「파도」, 「치악산雉嶽山」, 시집 『별빛 사랑』 시론

3

우주 만물을 映像化하는
서정성 詩 世界의 지평을 열다

雲海 김종억 시
「유월이 오면」, 「파도」, 「치악산雉嶽山」, 시집 『별빛 사랑』 시론

가. 詩란 언어예술의 꽃이라고 한다.

시는 작가의 사상과 정서로 상상력을 발휘하여 창의성과 예술성을 입혀서 운율적 언어로 압축하여 표현한 높은 정신의 예술이라 한다.

시인은 세상을 살면서 자기 주변에서 일어나는 모든 일에 부디 끼고 느끼면서 상상력을 발휘해 자기의 화판에 여러 가지 물감으로 채색해 내어놓는다.

시의 모든 색감은 시인이 선호하는 색깔로 개개인의 표정을 그리고 있다.

여기 시 소재에는 자신이 인생을 살아오면서 체험하고, 느낀 감정과 상상력을 이미지화해 전달하는 것이 시 창작하는 과정이라 말한다.

시인은 시를 쓰면서 수많은 생각을 했을 것이다.

시인의 생각은 감성적인 것과 이성적인 것으로 분류할 수 있겠지만 막상 시인이나 작가는 이를 구별하기조차 힘들다. 때로는 그저 생각이 앞서서 글을 써나가기 때문이다.

시인은 평소 관심을 두고 있는 사물을 대상으로 시 창작하므로 그의 정서적인 감수성이 주로 그 안에 내포되어 있다.

雲海 김종억의 시는 맑고 청명한 가을 하늘처럼 자연과 생활에서 체험한 순수한 서정성의 시가 동심을 이끌고 있어 우리의 가슴에 더욱 울리며 다가온다.

시인은 어린 시절 영종도에서 살아 바다와 산을 좋아해 자연의 독특한 시어의 사용과 구사하는 능력이 남달리 탁월하다

시인은 자연과 삶을 주제로 하는 세상의 일상사를 카메라 렌즈를 통해서 꿰뚫어 들여다보고 풍경화를 그린다.

카메라를 통한 바깥세상의 시상은 종종 딴 모습으로 다가와 시적 이미지와 상징성에 생동감을 보태고 있어 독자에게 잔잔한 감동을 주고 있다.

시인에게 어떤 정서가 주류를 이루는 가는 평소 그의 삶이 뒷받침될 때 비로소 시의 표정으로 나타난다.

더욱 시인의 체취가 풍기는 이미지와 상징성은 그의 섬세한 심성이 드러나고 있다. 평소 생각하고 느끼고 체험하고 바라는 것을 시어로 자신의 내면세계를 고백하므로 시인이 쓴 시는 곧 자신이며 자화상이다. 마치 거울 앞에 서서 들려다 보는 시인의 비친 얼굴과도 같다.

한 사람의 시인에게는 시 의식의 중추와 사물 관찰법에서 우주의 숨소리도 담겨 있다. 시인의 채취와 조화에 시의 정서가 생명으로 태어난다.

자연에 반응하는 시인의 시적 정서와 분리되지 않고 하나로 통합을

이룰 때 살아 있는 이미지를 구축해 조화미에 이를 수 있게 만든다.

　이는 시인이 만들고 때로는 시인이 선택하는 이미지이지만 독자에게는 일체화된 삶의 근저根低를 만나는 즐거움이 되기도 한다. 결국 시의 존재는 체험을 통한 모습으로 이미지를 구축하는 성 쌓기이다.

　인간을 자연과 분리하는 것이 서양인의 사고방식이라고 한다면 동양은 자연과 인간이 하나로 통합을 이르는 반응이다.

나. 雲海 김종억 시인은 고향이 인천국제공항에 있는 영종도이다.

　시인의 호 雲海가 대변하듯 푸른 바다가 넘실대는 수평선을 바라보며 어린 시절 청운의 꿈을 꾸며 자랐으리라 생각한다.

　큰 바다를 바라보며 자란 사람은 마음이 넓고 착하다.

　시인은 신의와 성실, 남을 배려하는 마음이 저변에 깔려 있어 다정다감해 친구가 많다. 남이 모르게 사회봉사 활동으로 어렵고 힘든 사람을 돕는 타의 귀감이 되는 훌륭한 인재이다. 특히 범인이 하기 어려운 요양보호사로서 중증환자, 치매 환자, 거동이 불편한 환자를 돌보는 천주교 신자로서 사회봉사 지원 등 인간 됨됨이에 무한한 감동을 주고 있다. 더욱 사회생활에 모범을 보이며 성실하고 착실하게 살고 있는 김종억 시인에게 성원을 보낸다.

　그는 육군에 복무한 영관장교 출신으로서 전방부대 지휘관시절 국토방위에 충실한 군인으로 애국애족의 정신이 투철하다.

　서울 시립대 경영대학원 졸업(경영학 석사)하고, 브라보마이라이프 월간 잡지 기자 역임하고, 한국문인협회, 국제펜한국본부 회원이며, 현재는 (사)한국문학협회 디카시 회장을 맡고 있다.

시인, 수필가, 문학평론가, 사진작가이며, (사)한국문학협회 제1회 디카시 전국백일장 대회 은상, 제4회 디카시 전국백일장 대회 금상, 서울시 주최 제2회 수필이야기 공모입선, 독자가 뽑은 감동상을 받았다.

특히 (사)한국문학신문 수필부문 최우수상을 수상했다. 『기적의 소리 울리는 인생의 기차를 타고』『황혼의 소풍』외 수필집, 시집『별빛 사랑』등 6권을 상재했다.

다. 雲海 김종억 시인의 시세계

시인은 오랜 군 생활과 천주교의 믿음으로 봉사정신이 투철하고 타의 모범이 되어 일상생활의 성실함과 책임감이 몸에 배어 뭇사람의 존경을 받는다.

더구나 사회생활을 하면서 평소에 시와 수필을 쓰고 있어 탁월한 능력의 문인으로 활동을 하고 있다. 雲海 김종억 시인의 시 「유월이 오면」,「파도」,「치악산雉嶽山」, 시집『별빛 사랑』에서 선정한 여러 시를 시론하고 저 한다.

(1). 유월은 호국보훈의 달이다. 애국지사, 6.25전쟁, 베트남전쟁을 통해서 산화한 호국영령, 나라를 위해 목숨을 잃은 순국선열을 기리는 달로서 역사를 통해서 밝은 미래를 돼 새기는 달이기도 하다. 신채호는 '역사를 잊은 민족은 재생할 수 없다.'라고 강조해서 말했다.

    이름 모를 산하山河
    뻐꾹새 울음소리 고요한
    골짜기
    무명용사의 흩어진 영혼이
    춤추는 유월

    핏빛 강물은 긴 내를 이루어
    가슴속에 젖어 들고

    홀로 서러워
    이름조차 꺼내지 못한 채
    가슴에 묻어놓고
    끝끝내 속울음 하던 촌노村老는

    6월이 오면
    비목碑木 되어
    빈 골짜기에
    파란 웃음 떨구어 놓고
    녹슨 철모와 돌무덤에 갇힌
    새파란 혈육 생각에

반백년
밤잠을 이룰 수 없네.

- 「유월이 오면」 전문

    1950년 6.25전쟁으로 신생대한민국의 국민이 북한의 무차별적 공격으로 희생되었을 뿐만 아니라 수많은 청년이 사라졌다. 이름 모를 산하山河 골짜기에서 산화한 영령을 기리기 위하여 유월은 나라에서 정한 호국보훈의 달이다.
    국가와 민족, 굳건한 국토방위를 위해 기념하는 유월은 국민 모두가 희생자에 깊이 감사해야 한다는 깊은 뜻이 자리 잡고 있다.
    치열한 전쟁터에서 핏빛으로 물들어 긴 내를 이룬 강물이 피눈물이 되어 가슴에 처절히 젖어 들고 있다는 시인은 치열한 전쟁 상황을 그림처럼 그리고 있다.
    6월이 오면 골짜기에 녹슨 철모와 돌무덤에 산화한 이름 모를 비목碑木이 되어서 먼저 보낸 자식에 대한 그리움과 한 맺힌 쓰라린 고통을 감내하며 세월을 보내는 부모의 심정을 전쟁 참화의 비극으로 적나라하게 표현하고 있다.
    전쟁에서 희생된 자식을 여읜 슬픔을 수많은 세월 동안 밤잠을 이루지 못하고 뒤척이며, 평생 가슴에 묻고서 살고 있는 부모의 마음, 고뇌하는 촌노村老의 쓰라린 심정과 가슴 아픈 사연의 상징을 이미지화해 수사적 묘사, 메타포로 에둘러 보여주고 있다.

(2). 파도는 바다, 호수, 강에 불어오는 바람에 의해서 이는 물결을 말한다.

시인은 영종도가 고향이다. 저 멀리 끝없이 펼쳐지는 수평선 선상에 푸르른 파도가 넘실대는 바닷가에서 살았던 동심이 표출하는 감성의 아우라Aura를 갖고 있다. 아우라는 그리스 어원으로 그 사람만이 가지고 있는 독특한 취향 또는 분위기를 말한다.

불에 데어 헐떡이는 심장은
펄펄 끓는 용광로의
화로처럼 춤추고

고요한 심연의 아픈 상처
드러내고 요동치는 파도

때로는 일렁이는 오케스트라
때로는 활활 타오르는 불꽃

끝없이 밀려와
바다 위를 번쩍이게 하는
파도
바람과 함께 춤을 추고
내 마음도 따라 춤춘다

세상을 뒤집어 놓고
한계를 모른 채 헐떡이지만
바닷속 생명들을 품어주는
파도

그 속에는 각자의 이야기가
담겨 있어
나는 파도를 잉태한 바다를
동경한다

너도 내 마음과 같이
늘 변하지 않고 흐르면서도
나를 비쳐 주고 위로해 줘
나는 너를 보며 끝없이
감동하고 있다 파도야

- 「파도」 전문

  바다의 격렬한 파도는 때로 불에 데어 헐떡이고 펄펄 끓는 용광로처럼 살아 움직이는 생물에 비유하고, 조용히 물결이 일 때는 멜로디에 맞춰 마치 오케스트라 연주하듯 자연이 함께 화합해 노래하고 있다고 표현하고 있다.
  저 멀리 수평선에서 끝없이 밀려오는 파도는 바람과 함께 춤을 추는 모습을 보고서 시인도 장단에 맞춰서 마음속으로 춤춘다고 상황을 이미지화해 설명하고 있다.
  때로는 무섭게 밀려오는 파도가 세상을 뒤 업는 것처럼 공포심을 주지만, 그 바닷속에는 생명을 잉태하고 품어주는 모든 삶의 원천과 여러 이야기가 잠겨 있다는 시인은 바다를 동경한다고 활유법을 동원해 의인화하고 때로는 대유법으로 예를 들어 자세히 해설하는 시인은 바다를 동경한다. 라고 한다.

바다는 변함없이 흐르며 수시로 무한한 감동을 주고 있지만 출렁이는 바다를 바라볼 때는 어린 시절 느꼈던 동심이 살아나 친밀감이 넘친다는 시적 묘사, 메타포로 에둘러 표현하고 있어 잔잔한 감동을 주고 있다.

(3). 치악산은 주봉이 비로봉이며, 해발 1,288m이다. 강원특별자치도 원주시, 횡성군에 걸쳐 있다.

1973년 도립공원으로 지정하고 1984년 국립공원으로 승격되었다. 오대산에서 남서쪽으로 갈라진 차령산맥의 줄기로 영서嶺西 지방의 수려한 명산이다.

치악산 입구에 구룡사가 있다. 신라시대 고승인 의상이 서기 668년에 건축한 유구한 사찰이다.

    골골마다 옥수玉水 되어
    흐르는
    영혼의 청정수

    굽이굽이 비단 삼림森林길
    사랑 노래 부르는
    치악雉嶽이여

    파도처럼 밀려와

춤추는 초록 물결

계곡마다 휘감아 도는
신령神靈의 깊은 숨소리
태곳적 신비에 넋을
놓는 구나

노송은 허리 굽혀
어서 오라 반색하고

뭇 새 지저귀는
영겁永劫의 치악이여
쪽빛 하늘에 긴 여운 남긴
여름
웅내한 치악의 속살에
가을이 문득 배었네

환호하는 안개 바다 위로
불쑥 솟은 치악의 영봉이여
바람이 왜 이리 달던가

영원산성 수호하신
의상 대사 염불 소리에

중생은 속된 마음
선뜻 내려놓고
가벼워진 발걸음

총총히 하산하네

- 「치악산」 전문

　치악산은 청정수가 골짜기마다 내를 이뤄 흘러서 수려한 산세에 매료되어 등산객과 관광객이 많이 찾는다.
　높은 산 깊은 계곡에 초록색의 산새에 울창한 살림에서 뿜어 나오는 피톤치드의 신선한 공기는 만인의 가슴을 확 트게 만들어 저절로 콧노래가 나온다.
　주위 산천을 둘러보면 무성한 수풀이 바람에 하느적 하느적 춤추고 있어 몸과 마음이 휠링 되고 있다는 시인은 어쩌면 그렇게 적절한 표현을 하고 있는지...
　계곡마다 휘감아 도는 물소리가 태곳적 신령神靈의 숨소리로 들려서 그 신비함에 넋을 잃고 바라보며, 휘어진 아리랑 노송이 곳곳에서 어서 오라고 허리 굽혀 인사하며 손짓해 무아지경에 몰입한다는 시인의 시적 묘사가 일품이다.
　산 주위 사방 울창한 나뭇가지에서 나는 새소리는 음악소리로 들리고, 수억 년을 지나며 웅대한 자태를 보여주는 푸르른 산세와 하늘에 여운을 남긴 채, 무더운 여름에서 서서히 가을의 문턱으로 이어지는 계절의 바뀜 현상을 이미지화해 자연의 신비함을 수사적 묘사로 잘 표현하고 있다.
　드디어 치악의 정상에 올라 흘린 땀방울이 마침 불어오는 솔솔바람에 시원하게 느끼고 있는 현상을 적나라하게 보여주고 있다.

1,400여 년이 지난 지금도 신라시대 고승인 의상(668년) 대사가 시공을 뛰어넘어 영원산성을 수호하는 염불 소리가 들리는 듯하다는 시인은 중생의 속된 마음을 다 내려놓고서 가벼운 발걸음으로 하산하는 의연한 모습이 영상처럼 쫙 펼쳐지며 다가와 잔잔한 감동을 주고 있다.

  (4). 백두산은 해발 2,744m이고, 천지天池는 다른 용어로 칼데라호로 칭한다.
  함경북도 무산군, 혜산군, 중국동북지방 길림성吉林成에 퍼져 있으며, 북한의 천연기념물 제351호로 지정되어 있다.
  용왕담龍王潭이라고 부르는 화산재로 뭉친 화강암이 호수를 병풍처럼 둘러싸고 있다. 호수둘레 길이는 약 13km, 면적은 약 9.2km2로 나온다. 호수변은 해발 2,155m이고, 최고 수심은 312m에 달한다고 한다.
  백두산 북쪽 차일봉遮日峰(2,635m)에서 동쪽으로 물이 흐르고 있다.
  용암벽을 걸쳐서 비룡폭포飛龍瀑布(높이 50m)협곡은 중국의 송화강松花江 수원이 된다. 그런 연고로 곳곳에 온천수가 솟아난다.
  백두산 천지로 가는 길은 북파, 서파, 남파가 있는데 주로 중국경유 북파, 서파를 통해서 오르고 있다. 북파로 가는 길은 주차장에서 5분 정도 오르면 천지天地를 볼 수 있고, 서파는 주차장에서 1.5km 되는 계단을 통해서 올라가야 한다.
  천지는 수시로 기후가 변해서 날씨가 좋아야 천지에 올라 볼 수 있는 명산이다.
  우리는 드넓은 간도를 중국에 빼앗기고, 북한은 6.25 전쟁이후 중국

에 빛 저서 백두산 천지 일부를 넘겨준 뼈아픈 역사의 현실을 알아야
한다.

>
> 침묵으로 무장한 안개마다
> 들리는 건 오르지 태고의 숨결뿐
> 호수로 자맥질하던 안개는
> 긴 헐떡임으로
> 애간장을 녹이더니
>
> 아! 목마른 그리움이여
> 태고의 신비 속으로
> 침잠해 들어가던 그 때에
> 긴 안내의 끝자락에서
> 살며시 열어준 붉은 입술
>
> 수줍은 듯 꽃단장한
> 새색시가 다소곳이 얼굴을 내민다
> 말간 얼굴로
> 해맑게 손짓하는
> 백두산 천지天池는
>
> 애끓는 내 심장을
> 핏빛으로 물들였다.
>
> － 「백두산 천지天池」 전문

침묵으로 무장한 안개마다, 들리는 건 오로지 태고의 숨결뿐, 호수로 자맥질하던 안개는 긴 헐떡임으로 애간장을 녹인다고 하는 시인은 백두산 천지의 상징을 이미지화해 시적 묘사로 에둘러 표현하고 있다.

아! 목마른 그리움이여, 태고의 신비 속으로 침잠해 들어가던 그때, 긴 안내의 끝자락에서, 살며시 열어준 붉은 입술은 백두산 천지가 화강암으로 병풍처럼 둘러싼 호수의 웅장한 모습이라고 활유법을 활용해 천상의 신비함을 잘 표현하고 있다.

변덕스럽고 변화무쌍한 천지는 아무 때나 볼 수 없어 평소에 복을 많이 지어야 문을 열어 준다고 전한다.

시인은 마음을 졸이며 해맑은 천지天池를 얼마나 고심하며 기다렸든 가 하고 기다림의 지루함을 말하고 있다. 드디어 천지 신조로 세상이 열리는 순간, 그 찰나에 환하고 말간 얼굴을 보여줘서 감사하다고 고마워하는 시인은 감탄사를 연발하며 그동안 큰 기대에 짙은 고마움이 시 속에 깊숙이 녹아 있다. 천지가 열리는 광경을 바라보며 환호하는 장면이 그림처럼 펼쳐져 뭇사람의 심금을 울려 잔잔한 감동을 주고 있다.

(5). 백마고지(395m) 전투는 강원도 철원 서북방에 위치한 395고지로 광활한 철원 평야에서 서울로 연결되는 주요한 전략적 요충지이다.

6.25전쟁시 1952년 10월 6일부터 10월 15일까지 백마고지에서 한국군, 미군, 중공군, 북한군과 치열한 전투를 치르며 승리한 전투이다.

초록이 긴 강을 이루니
남쪽은 어디이고
북쪽은 또 어디인가

고요히 흐르는 역곡천의
탁한 강물만 무심히 흐르누나

열두 차례의 공방전
일곱 번이나
뺏고 뺏기던 395고지
30만 발의 포탄이 작렬하는 대혈전

아군도 적군도
뼈와 살이 녹아내려
형체조차 없이 사라지고
하얀 먼지만 수북이 쌓여
백마의 모습으로
널브러진 산야

그들은 모두
누구의 아들이고
누구의 사랑하는 가족이었던가

슬픈 역사의 교양북은
멎은지 오래되었는데
아직도 총부리를 맞대고
으르렁거리고 있으니

아, 노병의 가슴에 슬픔은
회한이 되어 밀려온다

초록이 만발한 산야는
잠시 평화가 깃들었지만
무심한 저 강물만
슬픈 역사를 알고 있겠지

백마야
벌떡 일어나
힘찬 발굽 질로
남북을 가로질러라

저 한라에서 백두까지
힘차게 뛰어올라라.

- 「백마고지」 전문

-----(중략)

  열두 차례의 공방전, 일곱 번이나, 뺏고 뺏기던 395고지, 30만 발의 포탄이 작렬하는 대혈전으로 아군도 적군도, 뼈와 살이 녹아내려, 형체조차 없이 사라지고, 하얀 먼지만 수북이 쌓여, 백마의 모습으로, 널브러진 산야, 라고 치열한 혈투, 공방전을 시적 묘사를 들어서 표현하고 있다.

  -----(중략)

백마야, 벌떡 일어나, 힘찬 발굽 질로, 남북을 가로질러라, 저 한라에서 백두까지 힘차게 뛰어올라라. 라고 하는 시인은 우리 겨레의 염원인 남북통일이 어서 빨리 이뤄져 평화로운 삶이 영위되기를 기원하는 시적 묘사의 상징을 이미지화해 메타포로 에둘러 표현하므로 잔잔한 감동을 주고 있다.

(6). 고향의 봄은 어릴 적 살던 집을 중심으로 제일 생각나는 환상으로 다가온다.

시인은 고향이 영종도라 수평선 너머 은빛 세파가 춤추는 바다와 인접한 갯벌이 추억의 장으로 평생 마음속에 늘 자리 잡고 있으리라 생각한다.

어릴 적 살던 고향은 늘 마음속에 그리며 고이 간직하고 살게 마련이다. 고향의 봄은 이원수(1911~1981, 경남 양산읍) 시인의 동요, '고향의 봄'을 연상케 한다.

마산공립보통학교 시절 5학년(15세) 때인 1925년 고향의 봄을 아동잡지 『어린이』에 발표해 1926년 세상에 알려진 동요를 보고서 홍난파 선생님이 작곡해서 세상에 널리 알려졌다.

동요 첫 구절은 '나의 살던 고향은 꽃피는 산골'로부터 시작해 '그 속에서 놀던 때가 그리습니다' 이 동요는 아이만 부르는 동요가 아니고 우리 겨레 모두가 부르는 노래이다.

농무濃霧짙은 개펄 너머에서
소슬한 바닷바람에 실려 온 봄소식
치맛자락 휘날리며 육지로 달려온 갯바람은
사나운 손톱 세워 두 뺨을 할퀴고 지나간다

덤불 속에 나붓이 고개 내민 달래, 냉이, 씀바귀
한잎 두잎 캐어 담는 손길에
어느새 고향 냄새가 흥건히 배어온다

검게 그을려 드러누운 논두렁 둔덕 아래
모질게 살아남은 민들레 한 쌍
온몸을 흔들어 찬란한 봄을 환영하고

긴 겨울 폭풍한설 갯바람에도
끝까지 살아남은 들녘
고향을 지켜온 청솔가지 사이로
봄바람이 출렁이며 기지개를 켠다.

산에도
들에도
개펄 너머 수평선에도

이미 와버린 봄이
아장아장 걸음마를 한다.

파란 하늘 끝에 달린
눈썹달마저도 봄물에 잠겨버리니

고향은 봄 천지로구나

에헤라 오는 봄
좋기도 좋을시고
고향의 봄이라 더욱 좋구나.

- 「고향의 봄」 전문

 농무濃霧짙은 개펄 너머에서 소슬한 바닷바람에 실려 온 봄소식 치맛자락 휘날리며 육지로 달려온 갯바람은 사나운 손톱 세워 두 뺨을 할퀴고 지나간다.
 덤불 속에 나붓이 고개 내민 달래, 냉이, 씀바귀 한잎 두잎 캐어 담는 손길에 어느새 고향 냄새가 훙건희 배어 온다. 고하며 시인은 시적 묘사로 봄소식을 풍경화처럼 그리며 전한다.
 -----(중략)
 산에도 들에도 개펄 너머 수평선에도 이미 와버린 봄이 아장아장 걸음마를 한다.
 파란 하늘 끝에 달린 눈썹달마저도 봄물에 잠겨버리니 고향은 봄 천지로구나 에헤라 오는 봄 좋기도 좋을시고 고향의 봄이라 더욱 좋구나. 하고서 어린 시절 느꼈던 동심을 시적 묘사로 이미지화해 에둘러 표현해 잔잔한 감동을 주고 있다.

(7). 해당화는 장미과에 속하는 낙엽활엽관목이다.

화려한 꽃에 특유의 향기가 있고, 열매도 있어 관상식물로 키운다.

크기는 1~1.5m 정도로 해변의 모래밭이나 산기슭에 자란다.

잎이 어긋나 홀수 깃 모양 겹잎으로 6~7개 소엽이 있다. 잎은 타원형이고 길이는 2~5cm 정도로 주름이 많고, 윤채가 있으나 털이 없다.

5월~7월에 꽃이 피고 8월에 주홍색 열매를 맺는다. 부드러운 순은 나물로 먹고, 뿌리는 당뇨병, 치통, 관절염에 좋다고 알려져 있다. 꽃은 진통, 지혈에 효과가 있고, 향수는 원료로 사용한다.

夕陽이 쪽빛 바다에
길게 드르누워
숨을 헐떡일 적에

핏빛보다 더 붉은 해당화는
鮮血을 토하고

술래놀이에 지쳐
허기진 아이들

볼살처럼 볼그레한
명감을 입에 넣고
우걱거린다

아련히 굴뚝 위로
말간 영혼이 흐르고

누렁지 타는 냄새는
해당화보다
더 붉은
어머니의 뜨거운 사랑이었다.

- 「해당화」 전문

　석양夕陽이 쪽빛 바다에 길게 드러누워 숨을 헐떡일 적에 핏빛보다 더 붉은 해당화는 선혈鮮血을 토하고 술래놀이에 지쳐 허기진 아이들은 볼살처럼 볼그레한 명감을 입에 넣고 우걱거린다, 라고 하는 시인은 황혼으로 물든 서쪽 하늘을 붉은 해당화에 비유해 시적 묘사로 이미지화해 표현하고 있다.
　아련히 굴뚝 위로 맑간 영혼이 흐르고 누렁지 타는 냄새는 해당화보다 더 붉은 어머니의 뜨거운 사랑이었다. 라고 시인은 수사기법을 동원해 메타포로 에둘러 노래하고 있다.

(8). 임 이란 어떤 사람을 높이 부르기 위해 직책 또는 이름 뒤에 붙이는 존칭이다. 여기서 임은 사랑하고 그리워하는 사람을 말한다.

따끈따끈한
님의 채취가 그리운 가을

사방을 둘러보아도
온기 사라진
서늘한 그림자 뿐

등 기대어줄
님의 채취는
찾아볼 수 없다

가끔은 오로지
나를 위해 울어줄
님의 채취가 그립다

어스름 강가에
세월의 긴 그림자 드리우니
오늘따라 님의 채취가
그리워 진다.

- 「님의 채취」 전문

    따끈따끈한 님의 채취가 그리운 가을, 사방을 둘러보아도 온기 사라진 서늘한 그림자뿐 등 기대어줄 임의 채취는 찾아볼 수 없다. 라고 실망 섞인 말로 상징을 수사법으로 이미지화해 에둘러 표현하고 있다.
    가끔은 오로지 나를 위해 울어줄 임의 채취가 그립다. 어스름 강가에 세월의 긴 그림자 드리우니 오늘따라 임의 채취가 그리워진다. 라고 시인은 자기 자신이 쓸쓸하고 고독한 모습을 시적 묘사를 들어 메타포로 에둘러 노래하고 있다.

(9). 중환자실은 전신관리가 필요한 위독한 환자를 수용하는 시설로서 24시간 운영체제를 확립하고 중환자를 집중관리하며 치료 간호하는 병동, 집중 치료실이라고도 한다.

    "어무이여 참말로 미안합니데이
    나 태어나 귀한 젖 물려 주시고
    나 자랄 때 세상 온갖 맛난 음식 먹여주시고
    나 아플 때 꼬박 밤새우시던 우리 어무이

    어무이 아파
    내가 해드릴 수 있는 게
    이것밖에 안 돼 정말로 미안합니데이"

    꾀죄죄한 모습의 아들은
    아무것도 모르는 어머니에게
    호수로 미음을 넣어 드리며
    정말 미안한 듯
    혼자 탄식을 쏟아내는 중환자실.

                      - 「중환자실」 전문

"어무이여 참말로 미안합니데이 나 태어나 귀한 젖 물려주시고 나자랄 때 세상 온갖 맛난 음식 먹여주시고 나 아플 때 꼬박 밤새우시던 우리 어무이하며" 울부짖는 자식의 애타는 심정을 적나라하게 표현하고 있다. 사실 숨이 넘어가는 순간에 자식이 할 수 있는 일은 정성껏 간호하며 돌봐드리는 방법밖에 없는 것이 현실이다.

"어무이 아파 내가 해드릴 수 있는 게 이것밖에 안 돼 정말로 미안합니데이"

꾀죄죄한 모습의 아들은 아무것도 모르는 어머니에게 호수로 미음을 넣어 드리며 정말 미안한 듯 혼자 탄식을 쏟아내는 중환자실의 실상을 시인은 이미지화해 수사적 기법으로 묘사해 메타포로 에둘러 표현하고 있다.

(10). 가을의 정취에 흠뻑 젖어 바람이 불 때마다 깊은 산 작은 연못에도 오색 단풍잎이 떨어지며 가을이 내립니다. 떠나가는 가을에 미련을 두고서 아직도 단풍잎을 들고서 가지 말고 더 머물라고 한숨짓고 있네요. 바람이 휙 불며 떨어진 낙엽을 휩쓸고 가는 오색찬란한 가을의 풍경을 선물처럼 내어주고 있어 그저 가을은 고맙기만 하다.

오곡백과기 무르익는 추수의 계절, 산야의 찬란한 오색단풍, 서늘한 바람, 높고 청명한 가을하늘, 떠가는 하얀 구름은 천고마비지절天高馬肥之節로 우수수 떨어지는 낙엽을 밟으며 한없이 걷고 싶은 남자의 허전한 가슴에 멍이 들어 한 없이 방황하게 한다.

가을이 비처럼 내립니다

가을이 내려와 거침없이
세상을 덮었습니다
나뭇가지 위에도
강물 위에도 가을이 내렸습니다

가을이 눈처럼 내립니다.
슬퍼할 겨를도 없이
내 마음속에 펑펑 내리고 있습니다.

가을 속으로 떠나렵니다

우산도 없이 비를 맞으며 떠나다가
깊은 가을 웅덩이를 만나면
낙엽처럼 풍덩 뛰어들 것입니다

눈송이처럼 흩날리는
낙엽비 맞으며 홀연히 떠나
도토리, 알밤을 주워
다람쥐와 동무하고 놀면서
가을과 짝사랑을 하겠습니다.

― 「가을이 내립니다」 전문

1연은 시 전체의 주어 역할을 하고, 한 연을 한 행으로 배치함으로

써 의미를 강조하는 도치법이다. 시인의 메시지가 명료하게 드러난다.

　가을이 내려와 거침없이 세상을 덮었습니다. 나뭇가지 위에도 강물 위에도 가을이 내렸습니다. 가을이 눈처럼 내립니다. 슬퍼할 겨를도 없이 내 마음속에 펑펑 내리고 있습니다. 라고 하는 시인은 온천지가 가을로 덮여 있다고 노래하고 있다.

　4연 가을 속으로 떠나렵니다. 라고 하는 시인은 다시 한 번 가을을 강조하는 도치법을 사용해 의미를 크게 부여하고 있다.

　우산도 없이 비를 맞으며 떠나다가 깊은 가을 웅덩이를 만나면 낙엽처럼 풍덩 뛰어들고, 눈송이처럼 사방에 휘날리는 낙엽을 맞으며 홀연히 떠나 도토리, 알밤을 주워 다람쥐와 동무하고 놀면서 가을과 짝사랑을 하겠습니다. 라고 하는 시인은 얼마나 가을을 좋아하면 이런 시 구절이 나올까 생각해 본다. 시인은 가을에 대해 깊이 느끼는 감성, 정취를 수사 기법을 동원해 이미지화해 메타포로 에둘러 노래하고 있다.

(11). '청산은 나를 보고 말없이 살라하고, 창공은 나를 보고 티 없이 살라 하네, 탐욕도 벗어 놓고 성냄도 벗어놓고, 물같이 바람같이 살다가 가라 하네.' 부산광역시 기장군 기장읍 해동용궁사 비석에 새겨진 글을 보고서 인생무상, 공수래공수거가 인생 여정을 되돌아보는 계기로 깊은 상념에 사로잡히게 한다.

　'사랑도 부질없어 미움도 부질없어 청산은 나를 보고 말라 살라 하네, 탐욕도 벗어버려 성냄도 벗어 버려 하늘은 나를 보고 티 없이 살라 하네'라는 "물같이 바람같이 살다가라하네……" 시조의 아름다운 구절이 생각난다.

  * 위 시조는 고려말 공민왕의 스승인 나옹(1320~1376) 스님이었고, 조선을 건국한 시조 이성계의 왕사인 무학대사의 스승으로 밝혀졌다.

    인생 살아보니
    다 거기서 거기더라

    움켜쥐면 쥘수록
    손가락 사이로 빠져나가는
    모래알처럼
    시간은 속절없이
    지나가 버리고

    세상사 욕심은
    하늘 높은 줄 모르다가
    진흙탕으로 추락하는 인생

    연분홍 배롱나무 꽃잎 사이로
    세찬 비가 내리니
    낙숫물 소리에
    봄은 무르익어간다

    화무십일홍이라더니
    눈 깜짝할 사이에
    지나버린 찰나

물같이 바람같이 살다가
자연으로 돌아가라 하네.

- 「물같이 바람같이 살다가」 전문

인생을 살아 보니 다 거기서 거기더라, 움켜쥐면 쥘수록 손가락 사이로 빠져나가는 모래알처럼 시간은 속절없이 지나가 버리고 세상사 욕심은 하늘 높은 줄 모르다가 진흙탕으로 추락하는 것이 인생이라고 부르짖는 시인은 연분홍 배롱나무 꽃잎 사이로 세찬 비가 내리니 낙숫물 소리에 봄은 무르익어가더라. 하고 철학적인 삶을 노래하고 있다. 아무리 잘 살고 잘하려 발버둥 쳐도 화무십일홍이라며, 눈 깜짝할 찰나에 지 나 가고, 물같이 바람같이 살다가 자연으로 돌아간다고 하는 시인은 인생무상 공수래공수거, 라고 인생의 삶을 수사법을 동원해 시석 묘사로 메타포로 에둘러 노래하고 있다.

마. 雲海 김종억 시인의 시 세계

雲海 김종억 시인은 바다와 산을 배경으로 하는 순수하고 맑은 서정시를 쓰는 작가이다. 시의 흐름이 간결하고 유연해 독자가 읽기 편하고 느끼는 순수한 감성이 남달라 시적 매력이 풍부해서 모든 이로 하여금 감동하게 하는 지성을 갖춘 시인이다.

그만의 특이하고 섬세함이 믿음과 사랑으로 이미지를 구축하고 있어 즐겁고 행복한 세상 만들기에 새로운 지평을 여는 감성이 시적 주제에 연연히 묻어난다.

  그의 시에는 카메라렌즈를 들여다보고 사물의 특수한 상징을 이미지화해 활용하므로 시적 묘사 특히 서정성의 부드러움과 자아와 시적 대상을 조화로 이끌면서 풍경화를 그리듯 섬세하게 표현하는 솜씨가 대단하다.

  시어의 구성과 이미지와 상징은 그만이 가지고 있는 독특한 시적 표현의 특징으로 다가와 시적 언어 감각이 탁월하다.

  앞으로 시인의 앞날에 무한한 발전과 영광이 깃들기를 진심으로 기원한다.

4

우리나라 詩文學 世界의 발전에 크게 貢獻하고 寄與한 中心思想의 지평을 열다

靑荷 성기조 시집 『바람이 새긴 흔적』
한.영 대역시집 『부르지 못한 슬픈 노래』 외 다수, 시론

4

우리나라 詩文學 世界의 발전에 크게 貢獻하고 寄與한 中心思想의 지평을 열다

靑荷 성기조 시집 『바람이 새긴 흔적』
한.영 대역시집 『부르지 못한 슬픈 노래』 외 다수, 시론

가. 현대 시문학은 개인의 정체성, 사회적인 문제, 철학적인 사고력을 모색하며 현실에 맞게 발전하고 있다. 시문학의 변천사는 각 시대의 정치, 사회, 문화의 배경과 밀접한 관계를 유지하며 그 시대의 정신을 반영한다. 시문학은 당대의 문화적 표현만이 아니라 시대의 사상과 감정을 표현하는 중요한 매체로서 현대에도 끊임없이 진화 발전하고 있다.

나. 시인은 70여 년 넘게 시를 쓰고 있지만 아직도 명쾌하게 말을 못 한다고 하며 시인 자신의 머리와 가슴을 짓누르는 애물단지에 불과하다고 겸손한 심정을 토로한다.

 시인이 말로 전하는 내용과 글은 모든 시인이 똑같이 공통의 심정으로 느끼는 사유로서 시 창작의 어려움을 진솔하게 표현하고 있다.

 순간적으로 떠오르는 시상을 잡아서 시를 써 나가는 과정은 모든 시인이 안고 있는 정신적인 고통이다. 시시때때로 시상이 떠올라 신기루를 잡으려고 시를 창작하며 시와 함께 살아가면서도 시와 떨어져서

는 살 수 없다며 생활관습의 습관화에 따른 어려움을 호소하고 있다.

　시인은 한 편의 시속에 삶의 지혜가 담기고 그런 시가 음악처럼 흘러넘치는 곳에서 살 수만 있다면 얼마나 좋으냐고 자문하며 시인의 시 세계는 그곳이 천당이라고 표현한다. 그런 시의 향연과 지평을 여는 천당은 시인의 머리와 가슴에 흔적만 보일 뿐 시인이 살 수 없는 곳으로, 때로는 순간적으로 멀리 달아난다고 고통을 호소한다.

　다년간 시 문학을 펼쳐온 시인은 좋은 시를 쓰는 일은 희망일 뿐 실체를 잡고 행복을 느끼며 살 수 있는 일은 없는 일인가 하고 또 되묻는다.

　그런 말로 위안하는 시인은 시 창작의 기본 시향을 뛰어넘으며 아름다운 시어와 시적 구성은 난해하면서도 쉽게 이해하고 심오하게 느끼는 감성의 서정시를 쓰는 능력이 탁월해 모든 독자로부터 존경을 받는다. 아름다운 시향이 때로는 어렵고 단조로우면서도 평범하게 흘러가지 않도록 시적 표현에 적절한 변화를 주어서 독자가 새로운 관심을 불러일으키고 인상 깊게 전달하는 매력이 있다.

　때로는 어렵고 난해한 시를 쉬운 시어로 풀어나가며 수사적 기법을 동원해 Metaphor로 에둘러 진솔하게 표현하고 있어서 모든 작가, 독자에게 잔잔한 감흥을 주고 있다.

　(청하 성기조 시집, 바람이 새긴 흔적(도서 출판 한국문화사, 2016)

다. 시인의 시 세계는 심오한 지평을 여는 서정성이 돋보인다.

시인이 쓴 시는 풍경화를 그리듯 시원한 그림을 그려서 독자에게 잔잔한 감동을 주는 신기神技와 신명神明을 가지고 있다.

여기서 신기, 신명은 시 창작 능력이 탁월해 하늘과 땅의 신령이라는 의미로 해석한다. 시인은 시 창작의 탁월한 재능을 갖고서 다년간 시 창작의 능력을 발휘해 좋은 서정성의 시를 세상에 발표해 모든 이의 가슴에 깊이 파고드는 마력을 지니고 있다.

라. 靑荷 성기조의 시문학 세계

그는 시인, 수필가, 소설가, 평론가, 교수, 문학박사이다.

서기 1934년 6월 1일 충남 홍성에서 출생했다. 단국대학교에서 문학박사 학위를 받고, 호서대학교, 한국교원대학교에서 교수를 역임했다.

한국문인협회 명예회장, 국제펜한국본부 회장 및 명예회장, 예총 사무총장 및 예총 수석부회장, 한국비평문학회 회장 등을 역임했다.

한국교원대학교 교수로, 정년으로 퇴임하고, 중국 낙양대학교 석좌교수를 역임했다.

(사)한국문학재단 이사장,『문예운동』과『수필시대』『청하문학』창간 발행인이다.

한국문학 발전을 위해서 수시로 세미나, 심포지엄을 개최해 주관하고, 시 낭송 위주의 서울詩壇, 청소년 백일장을 운영해 한국문학 발전에 크게 기여했다.

특히 국내외 문학기행을 통해서 견문을 넓히고, 해외 유명한 문인과의 교류로 한국문학의 위상과 폭을 넓혔다.

서기 1958년 『시와 시론』에서 「꽃」 시를 발표하면서 문단에 등단하고, 서기 1963년 첫 시집 『별이 뜬 대낮』을 발간한 이래 문예비평서 『한국문학과 전통논의』와 고등학교 『작문』 및 『문학』 교과서 등 150여 편의 책을 상재했다.

주요 문학상으로 자유중국 문학상, 아시아 문학상, 한국문학상, 국제펜 문학상, 예술인 대상을 수상했다. 현재 한국 예술인의 큰 스승으로 추대해 섬기고 있다.

(청하 성기조, 구순의 소나무(도서 출판 문예운동사, 2023)

靑荷 성기조 시인은 한국문학 발전을 위해 크나큰 업적을 남기신 '한국 예술인의 큰 스승'이며 어른이시다. 70여 년 동안 왕성한 문학 활동을 수행하면서 시 선집 46권을 비롯한 150여 권의 저서에 3천여 편의 시, 1천여 편의 수필을 집필했다.

그동안 왕성한 문학 활동을 통한 열정적인 삶을 보여줘서 후배 문인들의 횃불이 되었다. 특히 문예지 『문예운동』, 『수필시대』 『청화문학』 발행은 후배 문인 양성을 위한 보고로서 범인이 생각할 수 없는 큰 업적을 이뤘다.

저변에서 어렵고 힘들게 살고 있는 문인을 보살피고 이끌어준 문단의 지도자로서 〈예술인 복지법〉을 추진해 성사한 일과 스웨덴 노벨 아카데미에서 노벨문학상 후보 추천을 위촉받은 사실은 우리 문학계의 위상을 드높인 상징적인 인물로 평가받고 있다. 한국 문단의 발전을 위한 헌신, 희생과 봉사 정신은 후세 문인이 가슴에 깊이 인식하고 길이 보존해야 할 참 스승상이다.

라. 靑荷 성기조 시인의 시 세계

한국 시문학의 대가인 청하 성기조 시인은 우리나라 현대 시의 발전에 많은 영향을 주었다. 시인의 시 세계는 고대 중국 유교사상儒敎思想을 기반으로 하는 시경詩經, 고려, 조선시대부터 전해 내려오며 즐겨 쓰는 고유한 전통의 시조時調에 기반을 두고 있다. 또 근세 들어 현대 시를 바탕으로 발전한 한국 시문학의 전통을 계승 발전시키고 삶의 현장을 시어로 적나라하게 표출하는 특출한 기량을 발휘해 현대 시의 발전에 크게 기여했다.

靑荷 성기조 시 「틈」, 「달 1」, 「저수지에서」, 「제주 유채꽃」, 「삶」, 「꽃샘바람」, 「한강」, 「산」, 「바늘」, 「간월암」, 「관계 4」시를 시론하고 저 한다.

(1). 틈이란 벌어져 사이가 난 자리, 갈라지거나 벌어진 사이, 사람 사이 벌어진 거리를 말한다.

    두 개의 물방울이
    서로 다른 모습일지라도
    실개천에 모이면 물이 된다

    두 사람이 사랑을 쏟아 부어도
    생각이 다르면 틈이 벌어지는 법

    세월이 갈수록 틈은 벌어지는데
    그래도 나는 틈이 없다고
    손사래 치지만
    벌어진 틈은 아물지 않네

    나는 그것도 사랑이라고 중얼거리는데
    너는 왜 자꾸 틈을 벌릴까?

                      - 「틈」 전문

    둘이 화합을 이룰 때 일심동체가 된다. 서로 사랑하면서도 생각이 다르면 틈이 생기고, 세월이 지속할수록 화합을 이루지 못하면 더욱 멀어진다는 시인은 서로 사랑하고 있어 우리 둘 사이에 틈이 없다고 손사래 치며 부정하지만 벌어진 틈은 아물지 않는다고 하소연한다. 그래도 벌어진 틈 사이를 오가는 사랑이라고 말은 하지만 자꾸 벌어지는 틈을 수사적 기법 시적 묘사로 에둘러 그 아쉬운 심정을 표현하고 있다.

⑵. 달은 지구를 도는 유일한 위성이다. 우리의 속담과 중국 신화에 등장하는 달의 여신, 달 속 상상의 계수나무 아래서 옥토끼가 떡방아를 찧는 모습으로 달의 이미지를 그리고 있다.

    한밤중에
    세상을 밝히는 달이

    아름답다

    혼자만 볼 수 없어
    누구 없느냐고 불렀더니

    열린 창으로
    급히 들어오는
    이쁜 막내딸의 얼굴

            - 「달 1」 전문

  망중한(忙中閑)이라는 말이 있다. 무심코 창문을 열고 밖을 내다보니 휘영청 밝은 달빛이 쏟아지는 세상은 참으로 아름다운 감성으로 다가

온다. 시인은 그런 달 풍경에 깊이 젖어 들어 주위를 두리번거리는데 평소 사랑하는 이쁜 막내딸의 얼굴이 확 떠오른다는 영상을 이미지화 해 시적 묘사로 그 분위기를 에둘러 노래하고 있다.

(3). 저수지는 물을 가두어 놓아 농사지울 때나 홍수 시 하천의 수량을 조절할 목적으로 물을 가두어 두는 유수지遊水池를 말한다.

소나무가 무척 아름답다

거꾸로 박힌 산은
물속에서 소나무도 바로 세우지 못한다
물속의 그 산에는 새소리도 없다

- 「저수지에서」 전문

1연 '소나무가 무척 아름답다'는 시 전체의 주어 역할을 하고, 한 연을 한 행으로 배치함으로써 의미를 강조하는 도치법이다. 물속의 소나무는 반대 영상을 비추고 있어 정상적인 그림이 아니나 시인은 소나무 그림자가 무척 아름답게 비치고 있어 서정성의 노래를 한다. 더욱 물속에 비치는 산속의 소나무는 새소리도 없다는 그 진실성을 수사적 기법을 동원해 시적 묘사 메타포로 에둘러 표현하고 있다.

⑷. 제주도의 봄을 알리는 유채꽃은 2월, 4월에 노란꽃잎이 서귀포시 성산 일출봉 일대, 산방산 들판을 가득 메우고, 피어올라 모두의 눈을 즐겁게 만들어 준다.

노오란 물감을 큰 붓에 듬뿍 찍어
단번에 칠한 유채 꽃밭
그 뒤에 쪽빛 바다가 있고
바다 위엔 통통배가 떠
신명풀이를 한다
갈매기는 돛대 위에서 앉을 자리를 찾다가
뱃전에 부서지는 물거품과 한빛인데
바다 뒤에는 한라산이
곱게 연보라색으로 물들어 가고 있다.

- 「제주 유채꽃」 전문

제주 하면 봄철 유채꽃으로 유명하다. 유채꽃이 피어나는 봄 풍경에 더해 바다에 떠 있는 통통배, 배 주위 선회하는 갈매기, 뱃머리에 부서지는 하얀 물거품, 바다의 풍광, 한라산, 유채꽃이 화사하고 샛노랗게 제주도를 수놓고 있다. 제주도의 유채꽃을 구경하러 방문한 수많은 관광객이 한데 어울리는 봄 풍경을 수사적 묘사로 에둘러 그리고 있어 풍경화처럼 가슴에 다가온다.

(5). 삶이란 태어나서 살아가는 과정, 일로서 나 자신이 온전히 생활할 수 있는 삶을 말한다.

   살아가는 몸짓이 얼마나 조심스러울까
   흙을 뚫고 나온 연초록 새싹.

      - 「삶」 전문

「삶」의 시는 중장이 생략한 양장시조 형식이다.
 자연의 생물 원리가 사람에게도 적용되는 구절이다. 여기 시어의 삶은 자연 속에 살아가는 인간의 삶이다. 흙을 뚫고 나오는 연약한 새싹은 자연과 인간 생의 원리가 동일하고 조화롭게 적용되면서 고난과 어려움을 극복해 가며 생을 이어가는 삶을 보여주고 있다. 시인은 사람과 생물의 삶의 원리가 동일하다는 상징을 이미지화해 시적 묘사를 메타포로 에둘러 표현하고 있다.

(6). 꽃샘바람이 발생하는 시기는 초봄 3~4월경으로 산야에 꽃이 필 무렵 시베리아 고기압의 영향으로 북극의 찬바람이 갑자기 한반도에 부는 특이한 일기 현상의 시기를 말한다.

   구름이 내려 앉아 하늘이 흐리다
   바람이 꽃잎을 몰고 달아나는데

고뿔이 내 몸 안으로 들어왔다

피어나는 꽃을 시샘하는 바람 소리가
천지에 가득하다.

-「꽃샘바람」전문

꽃샘바람이란 초봄이 지나 기온이 따듯해져서 꽃이 필 무렵 갑자기 다시 찾아오는 일시적인 추위를 말한다. 꽃이 피는 것을 시샘하듯 춥다고 해서 부쳐진 이름이다. 봄이라도 갑자기 꽃샘추위가 오면 쌀쌀한 날씨에 사람들의 건강에 영향을 줘서 옷을 두껍게 입고 다닌다. 하늘에 구름이 끼고 바람이 불어 갑자기 추워지는 날씨에 꽃샘바람이 불어 시인은 감기에 걸렸다는 시적 묘사로 은유를 들어 에둘러 표현하고 있다.

The clouds fell down from above and the sky is cloudy.
The wind blows, scattering the petals here and there.
Cold penetrated into my body.

The sound of the wind envious of the blooming flower
it is full in heaven and earth.

-「The Wind in the Blooming Season」Whole sentence

Flower spring wind is a temporary cold that suddenly returns when the temperature warms after early spring and flowers bloom. It is a name that was called up because it was cold as if it were sullen to bloom. Even in spring, when the cold snap comes suddenly, it affects people's health in chilly weather, so they dress thickly. The poet is expressing it with a metaphor as a poetic rhetoric that cold penetrated into my body due to the sudden cold weather with clouds and winds in the sky.

(7). 한반도 중부에 가로질러 흐르는 한강은 태백산맥에서 발원하여 북한강, 남한강의 두 물줄기가 남양주에서 합류해 김포반도, 강화도를 거쳐서 황해로 흐른다.

태고적부터 유구한 역사를 자랑하는 한강은 한반도 중부를 흐르는 강으로 맑고 깨끗한 물이 주류이다. 한강의 다른 명칭 아리수는 한국어 '아리'와 한자 '水'를 결합한 언어로 고구려 시대부터 부르던 한강을 지칭한다. 지금은 서울특별시 식용수 겸 수돗물 명칭으로 불리며 수원은 한강이다.

6.25전쟁이후 한때 굶주림에서 헤매던 한민족이 급속한 경제성장을 이룩한 '한강의 기적'은 근세 세계사에서 유래를 찾아볼 수 없는 급속한 경제성장의 신화를 이룬 다른 명칭이기도 하다.

한강아
너는 우리들의 젖줄
우리들의 몸체
국토를 가로질러
유유히 흐르면서
문화를 만들고
역사를 만들었다

한강아 너는 내 몸을 지탱하는
피
온 몸을 돌면서
나를 살려낸다.

- 「한강」 전문

    한강물, 아리수는 서울 상수원에서 정화한 물은 수도관을 타고서 각 가정에 배달되어 우리의 음용수, 생활용수로 사용하고 있다. 물은 자고로부터 인간생명의 원천이다.
    시인은 한강을 우리들의 젖줄이고 몸을 이루는 몸체라고 부르고 있다.
    한반도 중부 국토를 가로질러 유유히 흐르는 한강은 유구한 세월을 통해서 문화와 역사를 만들었다고 표현하고 있다. 그러면서 시인은 한강은 내 몸을 지탱하는 피이고 온 몸을 돌면서 나를 살리는 생명수라고 시적 묘사 메타포로 에둘러 노래하고 있다.

The Han River, you are our lifeline
Our body
You created our culture
You wrote our history
While leisurely flowing
Across the country

You, Han River, are the one that supports my body
My blood
You circulate around my whole body
You rescue me.

- 「The Han River」 Whole sentence

The Han River Water and Arisu are delivered to each household via water pipes and used as our drinking water and living water.

Water has been a source of human life since ancient times.

The poet calls the Han River as our lifeline and the body that makes up our body.

The Han River, which flows leisurely across the central country of the Korean Peninsula, expresses that it has created culture and history through long times. The poet sings around and is expressing it with a metaphor as a poetic description, "The Han River is the blood that circulate around my whole body and the life water that saves me by going around my body."

⑻. 산은 지구의 지각변동에 의해 솟아오른 부분으로 주위 지형보다 높다. 한국의 고유어 메 또는 뫼라 부르고, 야산이라고도 한다. 언덕보다는 높고 험준한 곳을 산이라고 하지만, 산은 높이 정도에 따라서 각국의 산은 기준이 다르다.

　브리태니커 백과사전에 의하면 통상 산의 높이 610m을 기준으로 잡는다.

　산맥은 산봉우리가 길게 이어지는 지형이고, 고개는 산과 언덕 사이 낮은 부분이다.

　지구상에서 가장 높은 에베레스트산 해발 8,850m, 한반도는 백두산 해발 2,750m, 한라산 해발 1,950m이다. 세계의 대표적인 산맥으로 히말라야산맥, 안데스산맥, 우리나라는 태백산맥이 있다.

　　　　산이 산끼리 부딪치며 달리다가
　　　　물가에 머물러 숨을 쉰다

　　　　이제 물의 시작이다

　　　　강이라는 이름으로
　　　　산 그림자를 안고 있다

　　　　　　　　　　　 -「산」 전문

지구상에서 산과 바다의 조화는 환상적이고 아름다운 풍광을 만들어 준다. 고요한 산의 품에 안겨있는 해변이나 바닷가는 인류가 숨 쉬며 휴식하는 휴양지 역할도 한다.

산이 산끼리 부딪치며 달리다가, 물가에 머물러 숨을 쉰다,

2연 '이제 물의 시작이다.'는 시의 구절을 강조함이다. 한 연을 한 행으로 배치함으로써 의미를 강조한다.

시인은 산과, 바다, 강, 호수는 서로 맞닿아 시작과 끝이 이루는 지형이다.

강이라는 이름으로 산 그림자를 안고 있다. 라고 하는 시인은 시적 수사법을 동원하여 산과 바다의 형상과 절경을 메타포로 에둘러 노래하고 있다.

> Mountain cease to run only at the waterside
> and breathe after they run and run
> hitting each other's shoulder.
>
> Now, it is the beginning of water world.
>
> The river embraces the mountain shadow
>
> in the name of river.
>
> - 「Mountain」 Whole sentence

The harmony between the mountains and seas on Earth creates fantastic and beautiful scenery. Seas and beaches in the arms of quiet mountains also serve as recreational places for humans to breathe and relax.

The mountains run against each other, and stay at the water and breathe.

The second verse, "Now is the beginning of the water," emphasizes the verse of the poem. It emphasizes meaning by arranging a word line in one word line.

Poets are the topography of mountains, seas, rivers, and lakes that meet each other and form the beginning and the end.

The poet, who is said to hold the shadow of a mountain in the name of a river, uses poetic rhetoric to sing around the shape of the mountain and the sea and the superb view with a metaphor.

(9). 바늘은 옷을 꿰매는 데 쓰는 가늘고 끝이 뾰족한 쇠로서 한쪽 끝에 작은 구멍에 실을 넣어 옷을 꿰매고 짓는 데 쓰인다. 현대는 재봉틀이 발명되어 신속하게 옷을 만드는 데 이용하고 있다. 또 바늘은 여러 종류가 있어 주삿바늘, 낚싯바늘, 돗바늘 저울, 시계 눈금을 가리키는 저울침, 시침 등 이루 말할 수 없는 무수한 용도로 사용하고 있다.

너의 곧은 자태가
천을 꿰매
옷을 만든다
만약
네가 굽었다면
옷은 못 만드는 것

사람도 곧고 정직해야 쓸모가 있다
바늘처럼

- 「바늘」 전문

   바늘은 곧아야 제 기능을 발휘한다. 삐뚤어지면 제 역할에 많은 장애와 문제가 발생한다. 사람도 곧고, 정직해야 사회에서 알아주고 좋은 인물로 평가받는다.
   너의 곧은 자태가 천을 꿰매 옷을 만든다고 하는 시인은 만약 네가 굽었다면 옷은 못 만든다고 시인은 바늘의 역할을 진솔하게 표현하고 있다.
   바늘처럼 사람도 곧고 정직해야 쓸모가 있다고 하는 시인은 수사기법을 동원해 그 상징을 이미지화해 메타포로 에둘러 노래하고 있다.

Straight your shape is,
you can make clothes
by stiching cloths.

if you were not straight shape,
you would never make clothes.

Man also need to be straight and honest like needles
in order to be useful existence.

- 「Needle」 Whole sentence

The needle works only when straight your shape is, If it is crooked, a lot of disabilities and problems arise in its role. People must be upright and honest to be recognized by society and evaluated as good people.

The poet sincerely expresses the role of the needle, saying that your straight figure sews fabric to make clothes, but if you bake it, you can't make clothes.

Like a needle, The poet, who says that people need to be straight and honest like needles to be useful, mobilizes poetic rhetoric to imagine the symbol and sings with metaphor.

(10). 충남 서산시 부석면 간월도에 있는 작은 암자 간월암은 조선초 무학대사가 창건해 송만근 대사가 증건 했다고 전한다. 간월암은 1984년 간척사업으로 육지와 연결되었다. 다른 암자와는 달리 밀물 시는 바다에

떠 있는 섬처럼 바닷물이 출렁이고, 썰물 시는 바닷물이 밀려나가 육지와 연결된다. 하루에 두 번 밀물과 썰물로 육지와 연결되는 자연의 기현상에 여행자들은 무한한 감상에 젖어 든다.

    갯물이 빠지면 간월도와 붙고
    갯물이 들어오면 혼자가 되는
    간월암

    작은 연꽃 하나가
    물 위에 둥둥 떠 있듯
    간월암은 혼자
    갯물에 뿌리박고 있다

    * 간월암 ·충남 간월도에 있는 암사로 소선
    초기 무학대사가 득도했다는 곳

    -「간월암」전문

  간원암에서 수도 하던 무학대사는 은빛 찬란하게 비치는 달과 잔잔한 바닷물에 둘러싸인 신비한 모습에서 깨달음을 얻었다는 전설에서 이름이 유래했다고 전한다.
  갯물이 빠지면 간월도와 붙고, 갯물이 들어오면 혼자가 되는, 간월암 이다.
  시인은 작은 연꽃 하나가, 물 위에 둥둥 떠 있는 듯, 간월암은 혼자, 갯물에 뿌리박고 있다. 라고 읊으며 6백 30여 년 전에 무학대사가 깨달음을 터득한 이치를 시공을 초월해 타임머신을 타고서 되돌아가 그때 상황을 시적 묘사로 그 상징성을 이미지화해 메타포로 에둘러 표현하고 있다.

> Ganwolam joins to the Ganwoldo Islet
> At low tide in the tidal mudflat.
> At high tide, it becomes alone.
>
> Just like one small lotus flower
> Floating on the winter
> Ganwolam stays alone rooted in the tidal mudflat.
>
> * Ganwolam, This small Buddhist temple is located at Ganwoldo Islet Chungnam province. They say that the monk Muhakdaesa got spiritual awakening in this temple.
>
> - 「Ganwolam Temple」 Whole sentence

Monk Muhakdaesa, who used to be the capital of ganwolam Hermitage, is said to have its name derived from the legend of enlightenment from the mysterious appearance surrounded by the silver shining moon and calm sea water.

It is Ganwolam Hermitage, which joins the ganwoldo Islet when the stream flows in, and becomes alone when the stream comes in.

The poet express that a small lotus flower floats on the water, and Ganwolam is alone and rooted in a stream. The reason why Monk Muhakdaesa learned the enlightenment more than 630 years ago is to go back on a time machine beyond time and space, and to image the symbolism of the situation with a poetic rhetoric of the situation at that time and express it surrounded by a metaphor.

(11). 관계란 복수의 대상, 다시 말해 둘 이상의 사람, 사물, 현상이 서로 관련을 맺거나 관련이 있음을 나타내는 말이다.

꽃나무와 가랑비는
무슨 관계일까?
몇 번의 가랑비를 맞더니
가지에서 파란 새순이 돋는다

새순은 햇볕을 받고 자라더니
잎이 되고 꽃이 되고
환한 얼굴이 되었다

서로가 서로를 도우며 사는
아름다운 지혜

꽃은 또 열매가 되었다

-「관계 4」 전문

둘이상의 여러 대상이 서로 연결되어 있는 것으로 사람, 사물이나 현상이 관련돼 있음을 관계라 한다.

꽃나무와 가랑비는 무슨 관계일까?

몇 번의 가랑비를 맞더니 가지에서 파란 새순이 돋는다. 라고 하는 시인은 새순은 햇볕을 받고 자라더니, 잎이 되고 꽃이 되고, 환한 얼굴이 되었다. 라고 표현하고 있다.

서로가 서로를 도우며 사는 아름다운 지혜, 꽃은 또 열매가 되었다, 라고 시인은 사물의 자연현상과 상징을 이미지화해 수사적 기법, 메타포로 에둘러 노래하고 있다.

> I wonder what relationship they have
> Between flowering trees and drizzles.
>
> With couple of times of drizzles
> Green sprouts emerged from branches.
>
> Sprouts grew up in the sun
> To become leaves and flowers
> And finally showed up bright faces.
>
> Live together helping each other
> What a beautiful wisdom.
>
> At last, the flowers turned into fruits.
>
> －「Relationship 4」 Whole sentence

Two or more objects are connected to each other, and it is called a relationship in which people, objects, or phenomena are related.

What is the relationship between flower trees and a drizzle?

After a few drizzle, a blue new sprouts come from the branches.

The poet is expressed that the new sprouts grew up in the sun, became leaves, flowers, and a bright face.

The beautiful wisdom and flowers that each other live helping each other have become fruits again, he is singing around with a poetic rhetoric and metaphor by imaging the natural phenomena and symbols of objects.

바. 청하 성기조 시인의 시 세계

한국인은 조선시대부터 유교 사상을 많이 접하고 자란 환경과 배경이 한국인의 정체성을 표현하는 기반이 되었다. 그런 관계로 한국인이 지녀야 하는 동양적인 미학의 시 문학 세계가 요소요소에서 불현듯 드러나고 있다.

청하 성기조 시인은 시적 성향이 한국의 전통적인 서정시로서 고향을 그리는 애절함을 그려 내기도 하지만 전통 시의 맥을 지니고 있다. 때로는 이상주의가 있는 낭만적, 희망적인 서정성도 잘 보이고 있다. 보수적 정통성이라는 평가를 받기도 하지만 한쪽으로 치우쳐 정체되지 않고 전반적으로 일관되고 고르게 지속적인 시 구도로 풀어나가는 능력이 탁월해 모든 독자가 좋아하는 시향을 갖추고 있다.

특히 한.영 대역시집 『부르지 못한 슬픈 노래』를 녹산 이기태 시인에 의해 영역되어 청하 성기조 시인의 시 세계를 해외에 널리 알리는데 일조하고 있다.

5

自然과 人生을 노래하며 幸福을 찾아서
詩香의 地坪을 여는 심오한 祕密通路를 펼치다

玄雄 유한권 시집 『幸福으로 가는 祕密通路』, 『시향 날개를 달다』 시론

5

自然과 人生을 노래하며 幸福을 찾아서
詩香의 地坪을 여는 심오한 祕密通路를 펼치다

玄雄 유한권 시집 『幸福으로 가는 祕密通路』, 『시향 날개를 달다』 시론

가. 詩의 표정 찾기란?

시인이 시편에서 하고 싶은 말, 시인의 색깔 있는 목소리가 들어가야 한다.

이를 '주제'라고 표현한다. 내가 하고 싶은 이야기, 나의 생각을 솔직히 표현하고, 쉬운 언어로 특색 있게 꾸며서 이야기하라고 한다.

'예'를 들어 시간은 보이지 않지만, 해시계, 얼굴의 주름은 그 사람이 살아온 인생 여정의 시간표와 역경을 여실히 보여주고 있다.

평화의 상징은 비둘기, 사랑은 연인이 서로 주고받는 장미꽃처럼, 선물이나 하트는 눈에 보이게 표현하는 방법을 연구해야 한다. 또 시는 관념어를 바꿔서 표현할 때는 살아 움직이는 것처럼 느껴져야 이해하기 쉽고, 부드러워진다. 그런 상징물을 응용한 시는 더 시다워야 하고 분위기에 맞고 고급스러워져야 한다고 강조한다.

숨바꼭질을 묘사한 간접 표현이나 '베르그송의 시간'은 과거의 기억을 현재로 끌어오는 역할을 한다.

'틈'이란 사람과 사람 사이의 '소통의 창구'이다. 틈새, '틈'은 헛것이 아니라 다른 말로 '여유'이기도 하다.

시간, 영혼, 신, 감정, 사랑, 평화는 시에 쓰이지만, 이들은 눈에 보이지 않는 단어로서 눈에 보이는 현상처럼 표현하는 방법을 지속적으로 연구하고 연습해야 한다.

'시 쓰는 비법은' 사물의 상징을 데려와 나 대신 말하게 하는 기술'이라고 한다.

좋은 구절을 필사해 기록으로 남기고 감동을 주는 시는 구두로 읽혀라. 그리고 필사본을 작성해 꾸준히 반복해서 읽고 쓰고 활용하면 많은 발전을 이룬다고 한다.

시인이 시를 통해 새로운 무엇을 쓰거나 이야기할 때는 그 상황을 독자가 깊이 공감해서 마음을 움직일 때 '시는 창조의 힘'을 발휘한다.

나. 오늘날 유튜브 동영상은 우리 생활에 직접적인 영향을 주고 있다.

유튜브 YouTube는 2005년 미국캘리포니아 샌브루노에서 스티브천, 채드헐리, 자베드 카림 등 3인에 의해 공동 창업한 회사이다.

2006년 구굴이 인수하여 전 세계에 동영상을 공유해 널리 퍼져 사용하고 있다.

인터넷과 소셜 네트워크의 출현은 우리 생활의 일대 변화를 주고, 여러 대중문화에 지대한 영향을 주고 있다.

최초 군사용으로 개발한 인터넷 사용 이전은 소통 수단으로 전화, 전문, 서신이나 문서로 의사를 전달했다.

유튜브 동영상은 정보를 습득하는 방식에서 여러 가지 변화를 주고 있다.

종전에는 뉴스, 책, 강의를 통해서 다양한 주제의 정보를 획득했으나 근래는 유튜브 동영상에서 요리법, 외국어 학습, 자기 계발 등 정보를 쉽게 얻는다. 오락과 여가 활동에 대한 정보도 영화, 드라마 못지않게 유튜브 콘텐츠를 통해서 주요한 정보를 얻고 있다. 인기 있는 유튜버를 통해서 사회의 관심사 정보를 얻는 창구 역할도 하고 있다.

유튜브는 호스팅 사이트로 서비스를 시작하는 동영상으로서 공유 플랫폼을 운용하고 있다. 개인이나 회사가 제작한 동영상을 포함해 유튜브의 다양한 콘텐츠를 통해서 방송국 TV, 영화, 음악, 패션, 문화 예술, 심지어 시 영상, 시 낭송 등으로 발전해 운영하고 있다. 특히 엔터테인먼트, 교육, 뉴스, 쇼핑 등 다양한 분야에서 이용자들에게 여러 가지 편의와 이익을 제공하고 있다.

근세에 들어서 다양한 분야의 유튜브가 우리 생활에 크나큰 영향을 미치는 소비혁명을 일으키고 있다.

유튜브는 카메라로 사물을 찍어서 인터넷망에 연결해 사용하며, 그 운영의 주장치는 모바일기기나 일반 컴퓨터에 접속해 새로운 미지의 세상을 클릭 한 번으로 접근해 사용한다.

누구나 자신의 콘텐츠를 업로드해 동영상을 올릴 수 있어 인터넷에 쉽게 접근이 가능하다. 특히 웹 사이트를 이용한 자신의 재능, 아이디어를 세상에 내어놓아 새로운 문화를 창출하는 숨은 능력자의 출현으로 세상이 서서히 바뀌어 가고 있다.

옛날 방식은 관련 광고홍보 업계나 필요한 지인을 통해서 일을 처리했으나 이제는 새로운 방식의 트렌드를 창출하는 여러 채널을 이용하고 있다. 이러한 시청각 콘텐츠를 활용해 광고홍보효과를 극대화해 소비 방식에서도 일대 혁명을 일으키고 있다.

유튜브를 통해서 동시에 수많은 사람이 공유하고 다를 수 있어서 우리 인간생활에 깊숙이 파고들어 주요한 자리를 차지하고 있다. 또한 짤막한 광고 홍보영상을 올려서 수익 창출의 근원을 만들어 운영하기도 한다.

전 세계 사람들을 한데 잇는 공유 플랫폼은 일시에 수백만, 수천만여 명이 동시에 접속이 가능하고 함께 들려다 볼 수 있어 광고 홍보효과가 대단해 광고업계에 일대 혁명이 일어났다.

정보화 시대에 비약적인 화면전환과 빠른 동영상 속도는 소비자의 시장영역으로 파고들어 광범위하게 확산일로 세상 영역을 넓혀나가고 있다. 그러나 무분별한 동영상의 유포, 성을 빌미로 한 유혹, 분에 넘치는 과도한 남발로 사회적 물의를 일으키는 사례는 우리 모두가 지양해야 할 사회적 규범이다.

다. 玄雄 유한권 시인은 황해도 평산군 출신으로 6.25전쟁시 월남해 인천에 거주하며 제물포고등학교, 고려대학교를 졸업하고, 성균관대학교 유학대학원을 수료했다.

그는 시인, 시 낭송가, 기자, 방송국 아나운서로서 특유의 고운 목소리를 구사해 청중을 매료시키는 자기만의 특유한 아우라를 가지고 있다.

다년간 라디오 출연 경력을 배경으로 음성, 언어 구사 능력이 탁월해 (사) 한국문학협회 전국 시 낭송대회에서 '대상'을 거머쥔 시 낭송가 이기도하다.

시인의 시 세계는 그 만의 독특한 서정성의 시 창작을 기본으로 유튜브, 방송국의 시 낭송가로도 출연하고 있다.

　섬유무역회사 (주)미도실크 대표이사역임, 한국NGO지도자포럼 회장을 하고 있다.
　주요수상으로 통상산업부장관, 여성부장관, 통일부장관 공로표창장, 중소기업청장 공로표창장, 성균관대학교 총장 공로표창장, 경희대학교 NGO대학원장 공로표창장, 대한 노인회장 자원봉사 표창장을 비롯한 KTV 한국정책방송원 최우수 국민 리포터 상, (사) 관악공동체 라디오 (FM 방송)기자로, 아나운서로 활동하고 있다.
　시집 『詩香 찾아 三千里』,『幸福으로 가는 秘密通路』,『시향 날개를 달다』3권을 상재 했다

라. 玄雄 유한권 시인의 시 세계
　자연과 인생을 주제로 하는 서정성의 시를 주로 쓰고 있어 독자로 하여금 많은 호응을 얻고 있다. 다년간 방송국의 아나운서, 기자로 활동한 경력은 시향에 미치는 영향이 많다. 더불어 특유의 고운 음색을 활용한 시 낭송가로 명성을 떨치고 있다.
　시인의 시세계에 무엇을 담고 있는지, 그의 시 세계에 들어가「초우草雨」,「귀한 선물」,「봄에 핀 꽃눈」,「바닷가 숲속」,「행복은 사랑입니다」,「詩香 그리고 날개」,「파도에 스쳐간 그리움」,「유채꽃 사이 길」,「꿈에 본 내 고향」,「코스모스 꽃」,「열 정」을 시론 하고자 한다.

(1) 초우草雨란 초록 풀밭에 조용히 부슬부슬 내리는 비라는 뜻으로 사랑하는 연인끼리 이별의 슬픔을 흐느끼며 애절하게 우는 울음소리에 비유해서 말하기도 한다.

  초우 草雨는 산야가 매 마른 초지에 촉촉이 비가 내려 우리네 가슴을 시원하게 청량제 역할을 하는 비를 말하기도 한다.

눈감고 잠든 사이 골라
갈증 풀어주는 촉촉한 이슬비
진주알처럼 아침 햇살에 반짝
한줄기 물방울로 애간장을 적신다.

산들내 수초는 신바람 춤을 추고
심술 굳은 나뭇가지 유리창 두드려
곤히 잠든 추억을 살랑살랑 깨운다.

초록향내 가득 싣고 뒷동산 넘는
여우비에 젖은 파란 하늘빛이
숲속 스미는 꽃님처럼 살갑다

이 밤뒤에 숨어 웃는 고운햇살이
주름진 얼굴에 앉으면 그만인데
꽃비 젖은 그리움 불러 마냥 기다린다.

- 「초우草雨」 전문

사랑하는 연인끼리 슬픈 이별로 애절하게 우는 울음소리나 건조한 초지에 내리는 시원한 청량제 역할을 하는 비를 우리는 초우라고 한다.

눈감고 잠든 사이 갈증을 풀어주는 촉촉이 내리는 이슬비는 진주알처럼 아침 햇살에 반짝이며 한줄기 물방울로 애간장을 적신다고 하며, 산과 들, 내의 수초는 불어오는 바람에 춤을 추고 나뭇가지는 유리창을 두드려 그리운 추억을 되살려 깨운다. 라고 하는 시인은 초우의 상징을 의인화로 이미지화해 시적 묘사로 에둘러 노래하고 있다.

초록 향내 가득 싣고 뒷동산 넘는 여우비에 젖은 파란 하늘이 숲 속 스미는 꽃님처럼 살갑게 다가온다. 라고 하며 이 밤에 숨어 웃는 고운 햇살이 주름진 얼굴에 앉으면 그만인데 꽃비 젖은 그리움 불러 마냥 기다린다. 고 하는 시인은 비를 맞으며 함께 거닐던 옛 추억을 되살리는 수사적 기법, 메타포로 에둘러 표현하고 있어 잔잔한 감동을 주고 있다.

(2). 귀한 선물은 사람에 따라 희망하는 선물이 다를 수 있다. 여기서 귀한 선물이란 부모와 자식, 형제자매, 남매간에 하늘에서 매져 준 천륜, 사회적 관계나 혈연관계이다. 천륜이란 부모와 자식 간에, 하늘에서 매져 준 관계를 말한다.

　　　하늘의 뜻으로 만난 부모
　　　따뜻한 희생을 배웠고

절묘하게 만난 아내
포근한 사랑을 찾았다

소중하게 만난 내 아들
훈훈한 행복을 알았고

아름답게 만난 내 손자
뜨거운 희망을 보았다

이심전심 뜨겁게 움트면
꽃피워 고운 열매 맺으리라

- 「귀한 선물」 전문

　하늘의 뜻으로 만난 부모의 따뜻한 희생정신을 배웠고, 절묘하게 만난 아내에게서 포근한 사랑을 찾았다. 소중 하게 만난 내 아들 훈훈한 행복을 안았고, 아름답게 만난 내 손자 뜨거운 희망을 보았다, 이심전심 뜨겁게 움트며 꽃 피워 고운 열매 맺으리라, 라고 하는 시인은 천륜으로 맺은 혈연관계의 귀중함을 강조함으로써 고맙고 감사한 마음으로 그 상징을 이미지화해 시적 묘사로 에둘러 표현하고 있다.

　(3). 이른 봄꽃은 추위도 가시기 전에 산야, 정원에 화사하게 만발해 봄의 신령을 전해주고 있다. 봄을 데려오는 따사로운 햇살에 여기저기서

꽃망울을 터트리고 있다. 살랑살랑 부는 봄바람이 뭇 소녀의 여린 가슴에 진하게 파고들어 애간장을 녹이고, 온갖 색색의 화사한 봄꽃을 바라보면 자연이 잉태하는 생명에 대한 신비함을 느끼게 하고 있다. 봄에 피는 대표적인 꽃은 개나리, 진달래, 벚꽃이 산야를 화사하게 수놓는다. 진달래, 철쭉은 타오르는 정렬로 온 산야를 붉게 물들이고, 하얀 얼굴을 내미는 벚꽃은 봄을 알리는 화신으로 우리에게 다가와 봄의 전령을 알리고 있다.

봄빛 반겨 연분홍 꽃빛
개나리 먼저 진달래도
꽃송이만큼 그 마음도 고왔다.

계곡 따라 흐르는 꽃물결
라일락 향기길 지나
설레는 마음엔 철쭉 꽃길

초우 휘날려 절로 피웠을
목련화 라일락 하얀 꽃도
저렇게 춤추는 고운 길도 처음

꽃 피고지고 어느새 열매 열리자
멀어진 사랑님 밟고 간 꽃길
한 순간의 꿈인가 생시인가

무지개 따라 울긋불긋 퍼져

가슴속의 몰래 핀 그 연인처럼
　　　빨간 심장 쥐어짜는 이유가 궁금타.

　　　　　　　- 「봄에 핀 꽃눈」 전문

　봄을 실어오는 따사로운 햇살이 여기저기서 꽃망울을 터트리고 순풍의 봄바람이 뭇 소녀의 여린 가슴에 녹아들면 자연의 생명력에 신비함을 느끼게 한다.
　따스한 햇살에 화사한 연분홍 개나리, 진달래 꽃송이를 바라볼 때면 마음마저 순수하고 고와진다. 고 하는 시인은 봄철 산야를 뒤덮은 화사하게 피어나는 들꽃이 계곡을 따라 꽃물결을 이루고 목련화 라일락 향기 길섶을 지날 때 꽃향기에 취해 설레고 자연의 아름다운 모습을 상징, 이미지화해 시적묘사로 그리고 있다.
　-----(중략)
　무지개 따라 울긋불긋 피어오르고 가슴속에 몰래 간직한 그리운 연인을 사모하듯 열정이 타오르듯 가슴이 두근거린다는 시인은 울긋불긋 피는 화사한 꽃을 봐라 보고서 사랑하는 여인처럼 느껴진다고 활유법을 동원해 의인화해 수사적 기법으로 은유를 들어서 에둘러 노래하고 있다.

(4). 한여름 찜통더위가 지속하면 심신을 편안하게 쉬며 재충전하기 위해 휠링 해야 할 곳을 찾는다. 푸르른 해안가 파도가 넘실대는 하얀 모래밭

이 펼쳐지고 울창한 나무가 들어차고 시원한 바람이 불어오는 숲속에서 가족 동료와 함께 여가를 즐기려 모여드는 사람들 속에서 한데 어울려 안식처를 찾게 마련이다. 하절기 사람이 많이 모이는 유명한 해수욕장에서 여름 바다축제가 열려 모든 이의 가슴이 활짝 열리며, 뜨거운 열기를 내뿜는 기분이 좋아 모여든다.

      한여름 뜨거운 중복
      지쳐가는 찜통더위

      벌거숭이 뛰노는 동심
      초록 바다가 그립다.

      풀벌레소리 요란힌
      바닷가 우거진 숲속

      파도소리 멀리 들려오는
      떠도는 아이들의 물장구
      갈매기 떼 울음소리

      지칠 줄 모르던
      옛날이 그립다 했더니

      갯바람 불러 졸고 있는
      노파의 코고는 소리에

문득 짝사랑에 울고 웃던
바닷물에 어리는
옛 님이 보고 싶다.

- 「바닷가 숲속」 전문

　뜨거운 중복 더위에 지쳐서 찜통더위를 피해 벌거숭이로 뛰노는 어린 시절로 돌아가 출렁이는 물결 초록 바다가 그리워진다. 풀벌레 소리 요란한 바닷가 우거진 숲속에서 파도 소리 들려오고, 떠도는 아이들의 물장구 소리, 갈매기 떼 울음소리가 들린다고 하며, 어릴 적 동심을 일깨우는 시인은 더위를 피하고자 바다를 그리워하는 상징을 이미지화해 수사적 기법, 시적 묘사로 에둘러 표현하고 있다.

　지칠 줄 모르던 옛날이 그립다 했더니 갯바람 소리에 졸고 있는 노파의 코 고는 소리에 문득 짝사랑할 때 울고 웃던 시절, 바닷물에 어리는 옛 님의 얼굴이 보고 싶다. 라고 하는 시인은 그 옛날 사랑하는 연인과 거닐던 바닷가를 그리워하며 그 상황을 시적 묘사로 에둘러 풍경화를 그리듯 표현하고 있다.

(5). 세상에 존재하는 인생의 최고 행복은 내가 사랑받고 있음을 느껴야 하므로 사람 마다 행복의 기준은 달라도 행복의 원천은 사람으로부터 온다. 라는 사실을 알아야 한다. 그래서 삶의 기준을 사람마다 다르지만 가족, 친족, 주변 동료, 친지와 잘 어울리며 주고받는 관심과 사랑이 최고

의 가치로 평가 받는다.

    다시 말해서 인생의 삶이란 가족, 주변사람과 주고받는 인과관계에서 자연스럽게 일어나는 관심사와 사랑이다.

> 행복은 향기입니다.
> 끝없이 뿜고 싶은 향기입니다
> 아침마다 솟아나는 미소입니다.
>
> 행복은 투자입니다.
> 사랑을 위한 투자입니다.
> 지금 베푸는 자에게만 옵니다.
>
> 행복은 구름입니다.
> 잡히지도 보이지도 않지만
> 계절풍 쫓아 흐르는 구름입니다.
>
> 행복은 믿음입니다.
> 조건 없이 즐길 수 있는 믿음
> 포용으로 감싸는 축복입니다.
>
> 행복은 당신입니다.
> 이 순간 존재하는 당신입니다.
> 영혼까지 사랑하는 바로 당신입니다.
>
>   -「행복은 사랑입니다」 전문

빅토르 위고는 '인생에 있어서 최고의 행복은 우리가 사랑받고 있음을 확신하는 것이다. 라고 명언을 남겼다. 각종 연구, 통계조사에 의하면' 결국 행복은 사랑을 통해서만 온다는 사실, 더 이상은 없다. 고 결론을 내린다.

시인은 행복은 끝없이 뿜고 싶은 향기이며, 아침마다 솟아나는 미소입니다. 라고 하며 행복은 사랑을 위한 투자입니다. 지금 베푸는 자에게만 옵니다. 라고 시인은 모든 행복이 주위로부터 느끼며 다가오는 자연스러운 현상을 적나라하게 수사법을 동원해 에둘러 표현하고 있다.

행복은 잡히지도 보이지도 않지만, 계절풍 쫓아 흐르는 구름입니다. 라며, 행복은 조건 없이 즐길 수 있는 믿음, 포용으로 감싸는 축복입니다. 라고 시인은 말한다.

행복은 이 순간 존재하는 당신입니다. 영혼까지 사랑하는 바로 당신입니다. 라고 하는 시인은 행복의 원천은 사랑이므로 가족, 동료, 친지와 잘 지내며 유대를 돈독히 할 때 행복이 스스로 찾아 든다는 사실을 반복해 강조하고 감성을 북돋아 행복의 상징을 이미지화해 메타포로 에둘러 노래하고 있다.

(6). 시향詩香 이란 시를 즐기며 사랑하는 마음이 삶의 한 방편으로 자리 잡고 있다는 깊은 뜻이 내포되어 있다.

    내가 시를 사랑하는 이유는
    감동이 숨 쉬고 아름다움이

잠들어 있다는 이윱니다.

노을빛 시향 길에 울고 웃으며
시를 짝사랑 하게 된 이유도
작은 기쁨을 쌓고 싶었던 겁니다.

매일 시를 쓰고 암송하며
치매도 방지하기 위함 이었지만
목표가 있고 할 일이 있다는 겁니다

시 낭송을 더 사랑하게 된 것은
노후 새로운 친구들을 만나
애뜻한 삶을 찾아 갈수 있다는 거

노년에도 상 노년에도 시인처럼
해와 달과 별을 향해 시를 삼키며
들국화처럼 훨훨 날고 싶은 겁니다.

-「詩香 그리고 날개」 전문

 시를 사랑하는 마음이 시향詩香이라면 내가 시를 사랑하는 이유는 마음 깊숙이 감동이 숨 쉬고 아름다움이 잠들어 있다는 이윱니다. 노을빛 시향 길에 울고 웃으며 시를 짝사랑하게 된 이유도 작은 기쁨을 쌓고 싶었던 겁니다. 라며 시인은 삶의 한 방편으로 시를 사랑하고 즐겨 쓰며 행복해하는 이미지를 시적 묘사로 그리고 있다.

매일 시를 쓰고 암송하며 치매도 방지하기 위함이었지만 삶의 목표가 있고 할 일이 있다는 겁니다. 시 낭송을 더 좋아하고 사랑하게 된 것은 노후 새로운 친구를 만나 서로 교류하며 애틋한 삶에 대한 정을 나눌 수 있다는 시인은 생활의 한 방편으로 시를 쓰고 낭송해야겠다는 굳은 의지가 적나라하게 수사법을 동원해 표현하고 있다.

노년에도 상 노년에도 시인처럼 해와 달과 별을 향해 시를 삼키며 들국화처럼 훨 훨 날고 싶은 겁니다. 라고 표현하는 시인은 자연을 벗 삼아 풍류를 즐기고 산야에 화사하게 피어오르는 들국화처럼 아름다운 삶을 영위하고 싶은 욕망을 이루고자 한다는 깊은 심정을 강조하며 수사적 기법을 활용해 메타포로 에둘러 노래하고 있다.

(7). 고요한 바다 위로 스치듯 하얀 파도 거품이 이는 사이로 아스라한 추억이 떠오르면, 옛정을 나눴던 그리운 연인의 얼굴이 수평선에 그려져 떠오르는 영상을 바라보는 순간 마음의 한 곳은 허전함이 몰려와 텅 비어 든다.

그리움은 수없이 밀려오는 물결처럼, 은빛 세파가 가슴을 적신다.

불현 듯 사랑하는 연인이 생각나 그리움에 휩싸이면 마음을 추스르며 스스로 괜찮아 괜찮아하며 마음을 달래는 다짐은 너무 강렬해 안쓰럽게 느껴진다.

  파도소리 스쳐 날아가는
  와 갈매기 울음소리에

깜짝 놀란 적이 있었다네.

챙 넓은 모자에
썬 그라스 쓴 그녀가
어깨를 툭 치며 하는
속삭임인 줄 알았다네.

오늘 같은 시원한 여름날
작별 인사 한마디 없이
아주 쿨 하게 내 곁을 떠난 그녀

그녀를 더 아끼고 사랑하는
누군가를 만났을 거라 생각하지만

그저 그립다 사랑 한다
행복 할 거야 언제까지나
시공을 넘어 주고받는 밀어

이제 몽유병 환자마냥
외기러기 불러
중얼 거리며 걷고 있다네.

- 「파도에 스쳐간 그리움」 전문

휘영청 밝은 달밤 고요한 바다 위로 인생의 그림자를 드리며 스쳐 간 인연을 다시 되새길 때 흩어지는 파도 소리에 실려서 그리움도 멀리 퍼져 나간다.

  파도 소리 스쳐 날아가는 갈매기 울음소리에 깜짝 놀란 적이 있었다네. 하며 마음속 깊이 간직한 옛 연인에 대한 그리움을 표현하는 시인은 챙 넓은 모자에 썬 그라스 쓴 그녀가 어깨를 툭 치며 하는 속삭임인 줄 알았다네. 한다. 그 옛날 바다에서 함께 거닐며 사랑한 여인에 대한 그리움이 불현듯 다시 되살아나 깊은 상념에 빠져들어 가는 심정을 적나라하게 시적 묘사로 이미지화해 표현하고 있다.

  오늘 같은 시원한 여름날 작별 인사 한마디 없이 아주 쿨 하게 내 곁을 떠난 그녀, 그녀를 더 아끼고 사랑하는 누군가를 만났을 거라 생각하지만 그저 그립다 사랑한다. 행복할 거야 언제까지나 시공을 뛰어넘어 주고받는 사랑의 밀어 이제 몽유병 환자처럼 외기러기 불러 중얼거리며 걷고 있다네. 라고 하며 불현듯 그리운 연인을 생각하며, 잘 살기를 바라는 착한 마음이 서려 있는 시인은 홀로 날아가는 외기러기에 비유한 자신의 외로움을 이미지화해 시적 묘사로 에둘러 노래하고 있다.

(8). 유채꽃은 쌍떡잎식물 양귀비목 십자화과 두해살이로 부드럽고 섬세한 노란색의 꽃잎은 어떤 지형에서도 주위와 잘 어울려 균형을 잡아 주고, 온화한 분위기를 연출해 평화롭다. 제주도 하면 2, 3월에 봄맞이 행사로 들판을 노랗게 물들이며 화사하게 수놓는 유채꽃 산지로 유명하다. 유채꽃은 키가 1m 정도 되며, 중국이 원산지이다.

  유채꽃에서 추출하는 카놀라유는 가정에서 튀김유로 많이 쓰이며,

고유한 맛과 아삭한 식감은 일품이다.

>유채꽃 사이 길을 걷던 날
>어색한 말도 필요 없이
>서로의 마음을 알았다네.
>
>노란 꽃이 수놓은 비단길
>서로의 손을 꼭 잡고
>깔깔 웃으며 걸었다네.
>
>꽃잎 하나씩 꺾어 물고
>설렘이 두근거리는 두마음
>미래를 꿈꾸며 속삭였다네.
>
>밤하늘 빛나는 두 줄기 별빛
>행복한 인생길을 곱게 비추며
>가슴깊이 두 사랑은 닮아 갔다네.
>
>　　　　　-「유채꽃 사이 길」 전문

　유채꽃의 상징은 쾌활하고, 평화스러우며 고요해 평안한 마음을 뜻한다.
　유채꽃 사이 길을 걷던 날 어색한 말도 필요 없이 서로의 마음을 알았다네. 노란 꽃이 수놓은 비단길 서로의 손을 꼭 잡고 깔깔 웃으며 걸었다네. 하는 시인은 유채꽃 사이 길을 걸으며 서로 사랑이 싹트고 있는 상황을 이미지화해 시적 묘사로 에둘러 표현하고 있다.

　꽃잎 하나씩 꺾어 입에 물고 설렘이 두근거리는 두 마음은 미래를 꿈꾸며 속삭였다네. 밤하늘 빛나는 두 줄기 별빛은 행복한 인생길을 곱게 비추며 가슴 깊이 간직한 두 사랑은 이심전심으로 닮아 갔다네. 하는 시인은 서로 마음이 통해서 다가올 두 사람의 행복한 인생길, 미래를 언약하며 평탄한 꽃길을 걷자는 사랑의 의지가 숨어 있는 상징을 메타포로 에둘러 노래하고 있다.

(9). 고향은 자기가 태어나 자라고, 조상 대대로 오래 살아온 곳을 말하며, 마음에 그리워하는 정든 곳을 말한다.

　어린 시절 동네 친구들과 놀던 그리운 고향은 잊을 수가 없다. 누구나 자기가 자란 고향은 어릴 적 추억이 있어 그리워한다.

　6.25전쟁 참화로 남북이 갈라져 오도 가도 못하는 신세, 이산가족의 참혹한 현실, 마음의 상처, 여파로 고향이 그리워도 못 가고, 돌아갈 수 없는 고향은 더욱더 마음을 슬프게 한다. 남북으로 갈려 가 볼 수 없는 곳, 잊지 못할 「꿈에 본 내 고향」이라고 노래가 있지 않은가?

　　　국화향기 마시며
　　　뻐꾹새 추억 찾아 가는 길
　　　노랑나비 한 쌍 앞장을 선다.

　　　붕어 낚시 하던 징검다리 건너

가파른 돌산 언덕 길 돌고 돌아
　　시원한 무지개 색 폭포수 반기니

　　우박처럼 쏟아지는 별빛 옛 동산
　　밤나무 흔들어 알밤 줍던 친구들
　　추억을 수 놓아준 젖 냄새 진동한다.

　　참 좋았던 그 시절
　　추석명절이 가까이 오는 가 보다
　　잃어버린 고향 그리워 밤잠을 설친다.

　　　　　　　　　－「꿈에 본 내 고향」 전문

　고향은 자기가 태어나 자란 곳이며, 조상 대대로 오래 살아서 마음 속에 깊이 간직하고 그리워하는 정든 곳을 말한다.
　국화 향기 마시며 뻐꾹새 추억 찾아가는 길 노랑나비 한 쌍 앞장을 선다. 붕어 낚시하던 징검다리 건너 가파른 돌산 언덕길 돌고 돌아 시원한 무지개 색 폭포수 반긴다고 하는 시인은 고향 산천의 상징을 이미 지화해 시적 묘사로 노래하고 있다.
　우박처럼 쏟아지는 별빛 옛 동산에 밤나무 흔들어 알밤 줍던 친구들 추억을 수 놓아준 젖 냄새 진동한다. 참 좋았던 그 시절 추석 명절이 가까이 오는가 보다. 잃어버린 고향 그리워 밤잠을 설친다. 라고 하는 시인은 어린 시절 친구들과 동산에 올라 즐겁게 놀던 아련한 추억의 상징을 시적 묘사를 메타포로 에둘러 노래하고 있다.

(10). 코스모스는 그리스어로서 Kosmos에서 유래한 꽃의 이름으로 멕시코가 원산지이다. 관상용으로 주로 심는다. 가을의 상징인 코스모스는 줄기 높이가 1~2m 정도 되고 꽃은 쌍떡잎식물 초롱꽃목 국화과의 한해살이로 주로 6~10월에 핀다. 꽃의 색깔은 연분홍색, 흰색, 붉은색 등이 가을 산야를 화사하게 수놓는다.

계절이 오가는 산모퉁이
흐드러지게 늘어선 꽃
천사처럼 곱게 웃고 있다

어디서 왔다 가려는 걸까
세상인심 다 울려 놓고
차디찬 입동 문턱 넘어 가는데..

북풍한설에 날려 보내야 할
못다 한 아쉬운 사랑이야기는
한 순간 타버린 낭만의 꽃이런가.

짧은 날 열정으로 피어낸
신비의 코스모스 꽃길
울어버린 만인의 가슴을 관통 한다

- 「코스모스 꽃」 전문

코스모스는 한해살이로 가을에 피고 나비, 고추잠자리와 함께 가을의 상징으로 여긴다. 계절이 바뀌는 시기에 산모퉁이에 흐드러지게 늘어선 코스모스는 활짝 피어 천사처럼 곱게 웃는 모습으로 다가와 언제 어디서 왔다 가려는가하고 의인화해 의문을 제기하는 시인은 세상 사람이 좋아하는 꽃 코스모스가 시절에 맞추어 시들어가는 계절을 아쉬워하는 모습으로 비치고 있다. 가을의 정취를 시적 묘사로 그리고 있다.

북풍한설에 날려 보내야 할 못다 한 아쉬운 사랑 이야기는 한순간 타버린 낭만의 꽃이런가. 짧은 계절에 화사하게 피어난 신비한 코스모스 꽃길을 저버리게 되어 만인의 가슴에 아쉬움을 남긴다는 시인은 가을의 상징인 코스모스를 이미지화해 수사적 기법으로 에둘러 노래하고 있다.

(11). 어떤 일에 뜨거운 관심과 마음을 갖고서 열심히 일하는 감정을 열정熱情이라고 한다. 어떤 일에 열렬히 뜨거운 애정을 갖고 대하는 마음의 자세를 뜻하기도 한다.

좋은 날
아무리 좋은 옷이라도
입고 갈 멋진 곳이 없다면

몸에 맞지도
어울리지도 않고

주머니가 텅 비어 있다면

차라리 새소리도 없는 오솔길
홀로 걷는 것만 못하다네.

내 인생에 넘쳐나는 열정도
가장 큰 영광의 순간도
가장 좋은 기회의 순간도
아쉬움으로 끝난 젊은 날의 혈투

어느새 영원한 이방인이 되어
별을 보고 있는 나는 누구인가
별 밭 매만지며 영글고 있었는데

아니 마치 수만 볼트 전기가
온몸을 뚫고 지나가는 것 같은
고독이라는 전율을 느꼈다 하자.

꿈꾸듯 흔적 없이 사라진 세월
늘 샛별처럼 빤짝거린 그 열정도
시나브르 도무지 알 수가 없네..

- 「열 정」 전문

열정熱情은 어떤 일에 깊은 관심과 애정을 가지고 열중하는 뜨거운 마음을 말한다.

좋은 날 아무리 좋은 옷이라도 입고 갈 멋진 곳이 없다면 몸에 맞지도 어울리지도 않고 주머니가 텅 비어 있다면 차라리 새소리도 없는 오솔길을 홀로 걷는 것만 못하다네. 라고 하는 시인은 격에 맞지 않는 일은 차라리 없느니만 못하다는 실망스러운 말로 위안 삼아 말하며 자기 분수에 맞지 않고 실속 없는 일을 안 하느니 못하다는 사유를 들어 시적 묘사로 에둘러 표현하고 있다.

내 인생에 넘쳐나는 열정도 가장 큰 영광의 순간도 가장 좋은 기회의 순간도 아쉬움으로 끝난 젊은 날의 혈투는 어느새 영원한 이방인이 되어 별을 보고 있는 나는 누구인가 별 밭 매만지며 영글고 있었는데 하며 인생을 살아오며 치열한 생존경쟁 틈바구니에서 헤쳐 살아나오며 지나온 젊은 세월을 회상하니 이제는 한걸음 뒤에 쳐진 이방인이 되어 세월의 무상함을 느낀다는 시인은 시적 묘사를 들어 표현하고 있다.

아니 마치 수만 볼트 전기가 온몸을 뚫고 지나가는 것 같은 혹독한 고독이라는 전율을 느꼈다 하자. 꿈꾸듯 흔적 없이 사라진 세월은 늘 샛별처럼 빤짝거린다며 그 열정도 시나브로 도무지 알 수 없네. 라고 하며 고독의 전율을 느끼며 살아가는 시인은 꿈꾸듯 지나간 세월, 강력한 열정도 자신도 모르는 사이에 조금씩 사라진 사유를 모르겠다고 하며 수사적 기법을 동원해 이미지화해 에둘러 노래하고 있다.

마. 玄雄 유한권 시인의 시 세계

시는 시인이 자연과 인간의 삶을 주제로 선정해 들여다보고 관찰하며 시 창작으로 이어 나간다. 그런 연고로 그의 정서인 감수성이 시안의 정신세계에 내포되어 전개되고 있다.

시인은 기자, 방송국 아나운서, 성우 등 다양한 부서에서 체험하고 읽히고 쓴 사료 200여 편을 중심으로 시를 재편집 작성했다.

인생의 심오한 삶의 내면이 적나라하게 드러나 감성으로 다가오는 서정성이 돋보여 모두에게 잔잔한 감동을 주고 있다.

앞으로 문운이 들어 대성하기를 바란다.

6

한국이 낳은 기라성 같은 詩人은
밝은 세상을 여는 先覺者이다

김소월 시 「진달래」, 윤동주 시 「별 헤는 밤」, 이육사 시, 「청포도」 시론

6
한국이 낳은 기라성 같은 詩人은
밝은 세상을 여는 先覺者이다

김소월 시 「진달래」, 윤동주 시 「별 헤는 밤」, 이육사 시, 「청포도」 시론

가. 김소월(金素月, 1902~1934)은 평안북도 구성군에서 출생한 시인으로 현대시의 대표적인 인물이다. 아호는 소월素月, 본명은 김정식金廷湜이다.

시인은 안타깝게도 32세의 젊은 나이로 세상을 등진다.

배재고등 보통학교를 졸업하고 도쿄 상과대학 전문부에 재학 중 관동대지진 때 중퇴한다. 김소월은 스승인 시인 김억으로부터 전수받고 사상적 스승인 조만식을 만나 그의 인생에 중요한 전환점이 된다. 그의 시 세계에 들어와서 한국 근대 시의 정형적인 서정시의 형태를 갖추게 되었다.

대표작으로 널리 알려진 시 「초혼」, 「못 잊어」, 「먼 후일」, 「금잔디」, 「진달래꽃」, 「예전엔 미처 몰랐어요」, 「산유화」 등을 수록한 시집 『진달래꽃』에 주옥같은 시가 발표되었다.

(1). 동서양이 정서적으로 느끼는 감성의 특징

사랑이란 좋아하고 귀히 여기는 부모의 사랑, 연인과의 사랑이 있다.

부모가 자식에 대한 헌신적 무조건적인 혈육의 사랑, 육체적인 쾌락을 즐기는 남녀 간의 로맨틱한 에로스 사랑 Eros, 형이상학적인 무조건적인 아가페 사랑 agape 등이 있다.

동서양의 사랑하는 방법은 직접적인 정서의 표현 방법에서 차이가 난다.

서양은 적극적이고 능동적인 반면, 동양은 주로 마음속에 그리며, 살짝 내보이는 은근한 사랑에서 내적의 은은한 미학이 정서적으로 숨을 쉰다.

나보기가 역겨워
가실 때에는
말없이 고이 보내 드리오리다

영변에 약산藥山
진달래꽃
아름 따다 가실 길에 뿌리우리다

가시는 걸음걸음
놓인 그 꽃을
사뿐히 즈려밟고 가시옵소서

나 보기가 역겨워
가실 때에는
죽어도 아니 눈물 흘리오리다.

- 김소월 시 「진달래꽃」 전문

고려 가요 「가시리」의 사랑법은 막아서는 사랑이 아니라 보내고 돌아오기를 바라는 희망을 숨기고 내보이지 않는 사랑을 뜻한다.

서기 1922년에 발표한 김소월 시 「진달래꽃」은 고려가요 「가시리」를 되뇌게 한다. 이루지 못할 사랑을 탄식하며, '아름 따다 가실 길에 뿌리오리다.'라고 하며, 사랑하는 사람이 '사뿐히 즈려밟고 가시옵소서,'한다. 그러면서 '죽어도 아니 눈물 흘리오리다.'라고 하는 표현은 어쩌면 죽을 만큼 처절하게 슬퍼하는 사유를 감추고, 속으로 슬퍼도 내보이지 않는 동양의 미덕, 스스로 가슴에 새기며 참는 모습을 보여준다. 여기서 주요한 역할을 하는 영변의 약산에 피어 있는 '진달래꽃'은 헌신적인 사랑을 나타내며 시적자아의 상징을 이미지화해 수사적 묘사 메타포로 에둘러 보여줘 선한 마음에 잔잔한 감동을 주고 있다.

나. 윤동주(尹東柱, 1917~1945)는 중국 길림성에서 출생하고 아호는 해환海煥이다. 시인, 독립운동가이다. 제2차 세계대전이 치열하게 전개되던 1940년에 조선, 동아일보가 폐간되고, 조선어 사용 금지, 창씨개명을 강요해 한민족의 말살정책이 극렬하게 시작되었다. 무자비하게 독립운동가를 추적 잡아다 투옥하고, 연일 처형하고 있을 무렵인 1942년 일본 교토 도시샤 대학 유학생의 신분이었다.

송몽규와 유학생을 모아 조선독립운동을 선동했다는 죄목으로 일본 후쿠오카 감옥에서 주사를 수없이 맞는 생체실험의 대상이 되었다.

갖은 고문 끝에 안타깝게도 1945년 2월 16일 28세 젊은 나이로 생을 마감한다.

생애는 짧지만, 특유의 감수성, 삶에 대한 고뇌, 독립의 소망이 그의 작품 속에 녹아 있다. 시 300여 편의 유고 시집을 남겼다.

한국에서 그의 시 「별 헤는 밤」을 애송하는 사람이 많다. 근대 한국 문학사에 김소월, 한용운과 함께 크게 기여한 인물이다. 특히 일본 문인 중에 윤동주를 새기는 사람이 많아 수시로 기념행사를 치르고 있다고 전한다.

계절이 지나가는 하늘에는
가을로 가득 차 있습니다.

나는 아무 걱정도 없이
가을 속의 별들을 다 헤일 듯합니다.

가슴 속에 하나 둘 새겨지는 별을
이제 다 못 헤는 것은
쉬이 아침이 오는 까닭이요
내일 밤이 남은 까닭이요
아직 나의 청춘이 다 하지 않은 까닭입니다.

별 하나에 추억과
별 하나에 사랑과
별 하나에 쓸쓸함과
별 하나에 동경과
별 하나에 시와
별 하나에 어머니, 어머니,

어머님, 나는 별 하나에 아름다운 말 한마디씩 불러 봅니다. 소학교 때 책상을 같이 했던 아이들의 이름과, 패, 경, 옥, 이런 이국 소녀들의 이름과, 벌써 아기 어머니 된 계집애들의 이름과, 가난한 이웃 사람들의 이름과, 비둘기, 강아지, 토끼, 노새, 노루, "프랑시스 잠", "라이너 마리아 릴케" 이런 시인의 이름을 불러 봅니다.

이네들은 너무나 멀리 있습니다.
별이 아스라이 멀듯이.

어머님.
그리고, 당신은 멀리 북간도에 계십니다.

나는 무엇인지 그리워
이 많은 별빛이 내린 언덕 위에
내 이름자를 써 보고,
흙으로 덮어 버리었습니다.

딴은 밤을 새워 우는 벌레는
부끄러운 이름을 슬퍼하는 까닭입니다.

그러나 겨울이 지나고 나의 별에도 봄이 오면
무덤 위에 파란 잔디가 피어나듯이
내 이름자 묻힌 언덕 위에도
자랑처럼 풀이 무성할거외다.

- 윤동주 시 「별 헤는 밤」 전문

가을 밤하늘의 별을 헤아리며 멀리 떨어져 있는 어머님과 고향을 그리워하는 추억을 되새기는 시적 표현으로 정감이 가도록 창작한 서정시이다.

계절이 지나가는 하늘에는 가을로 가득 차 있습니다. 나는 아무 걱정도 없이 가을속의 별들을 다 헬 듯합니다. 라고 하는 시인은 별을 다 헤지 못하는 것은 쉬 아침이 오고, 내일 밤이 남았고, 나의 청춘이 다하지 않은 까닭이라고 한다.

별 하나에 추억, 사랑, 쓸쓸함, 동경을 시에 열거하며, 어머니를 부르고 어린 시절의 추억을 되살려 본다. 소학교 시절 책상을 마주했던 아이들 이름, 패, 경, 옥 소녀들의 이름, 이국 소녀들의 이름, 벌써 아기 어머니 된 계집애들의 이름, 가난한 이웃의 이름, 비둘기, 강아지, 토끼, 노새, 노루, "프랑시스 잠", "라이너 릴케", 시인의 이름을 부르며 그네들은 너무나 멀리 별이 아스라이 멀 듯이 멀어져 있다고 표현한다. 어머님, 그리고 당신은 멀리 북간도에 계십니다. 라고 강조하며 그리움의 상징인 어머니를 이미지화해 구구절절이 그리고 있다.

-----(중략)

과거에 격은 아름다운 추억을 그리워하며, 새로운 세상에 대한 희망과 장래 자신의 운명을 예견이나 한 듯 고뇌에 찬 모습을 보이고 있다. 현재의 고독하고 쓸쓸한 삶을 돼 뇌이며, 앞날을 바라보는 꿈과 희망을 시적 묘사로 에둘러 노래하고 있어 독자에게 무한한 감동을 주고 있다.

다. 이육사(李陸史,1904~1944)는 경상북도 안동출신이며, 시인, 독립운동가이다.

「광야」는 대한독립과 민족의 자유를 염원하는 시로 유명하다. 그 외도 대표적 시로 「교목」, 「절정」, 「황혼」, 「꽃」 등이 유고집 『육사 시집』에 있다. 민족주의 사상과 일제에 항거하는 강한 의지력을 보여주고 있다. 외조부가 독립군이며, 어린 시절 어머니의 애국 애족에 대한 정신적인 교육이 크게 작용한다. 그래서 일본제국에 굴하지 않는 항일의 피가 흘렀다. 중국을 오가며 독립운동 하다가 중국으로 송치된 이후 열일곱 번 일본 감옥에 가서 고문을 당하고 풀려났으나 열여덟 번째는 일본 헌병대 구치소에서 육신이 찢기는 고문 끝에 베이징 감옥에서 시신으로 돌아왔다.

내 고장 칠월은
청포도가 익어가는 시절

이 마을 전설이 주저리주저리 열리고
먼 데 하늘이 꿈꾸려 알알이 들어와 박혀

하늘 밑 푸른 바다가 가슴을 열고
흰 돛단배 곱게 밀려서 오면

내가 바라는 손님은 고달픈 몸으로
청포淸泡를 입고 찾아온다고 했으니

내 그를 맞아 이 포도를 따 먹으면

두 손은 함뿍 적셔도 좋으련

아이야, 우리 식탁엔 은쟁반에
하이얀 모시 수건을 마련해 두렴

- 이육사 시 「청포도」 전문

 고향을 소재로 전통적인 그리움을 표현하는 서정성의 시이다. 고향이란 조상대대로 평화스럽게 살아온 곳을 말한다. 여기서 고향은 조국 해방의 염원이 아닌가 생각된다.
 일제 강점기에 조국의 현실에서 나그네의 위치로 전략된 신세를 해방의 시기가 도래 하듯 무르익는 청포도에 비유해 우리 민족 모두가 해방의 기쁨을 누리며 살기를 희망하는 노래이다. 미래를 생각하며 순결한 소망, 기대와 희망이 이뤄지기를 바라는 상징을 이미지화해 시적 묘사 메타포로 에둘러 노래해 잔잔한 감동을 주고 있다.

라. 오늘날 시의 발전 방향은 메스미디어 TV, 라디오, 비디오, 신문, 잡지, 문예지 등을 통해서 전파되고 있다. 특히 인터넷, 소셜네트워크를 활용한 사이버 공간에서의 동영상, 유튜브가 대세를 이루고 있다.
 특히 시 낭송 대회에서 시를 통한 시 낭송가의 출현과 한 단계 더 발전해서 사진에 시를 옮기는 디카시가 성행하고 있다.
 앞으로 시의 발전 방향도 더욱 미래 지향적으로 발전하리라 생각한다.

7

性品이 온화해 가정적이며 孫女를 사랑하는 우리시대 할아버지의 自畵像이다

東來 김용호 수필
「할아버지가 되어」,「행복. 이 모두가 행복 아닌가」,「간절함」 수필론

7

性品이 온화해 가정적이며 孫女를 사랑하는 우리시대 할아버지의 自畵像이다

東來 김용호 수필
「할아버지가 되어」,「행복. 이 모두가 행복 아닌가」,「간절함」 수필론

가. 수필은 자유로운 형식의 글이다.

수필은 그 문장의 형식이나 내용 면에서 좀 더 자유롭다.

"붓 가는 대로 쓰는 글"이라고 하는 작가가 많다. 그러나 수필은 "마음 내키는 대로, 누구나 생각나는 대로 쓰는 글" 아무렇게나 쓰면 되는 글", 로 착각하면 안 된다. 수필은 나름대로 형식의 자유와 주제 소재의 다양성, 각자의 특수한 개성과 사고방식을 있는 그대로 쓰고 있다.

자신의 생활상이 노출되므로 정성을 들여 자유로운 형식과 사고의 표현으로 체험한 사실을 자기 의사를 가미해 쓰는 글이다.

시와 소설처럼 엄격한 구조나 형식에 제한이 없다. 수필은 개인의 생각과 감정을 있는 그대로 자유롭게 글로 표현하는 문학의 한 장르이다. 쓰는 사람의 생각과 느낌을 자유롭게 써서 나아가는 글이다.

좋은 수필은 독자의 마음에 공감이 가고, 진솔한 내용을 담고 있어서 멋과 묘미를 지닌 수필이라면 깊은 감동과 기쁨을 안겨준다.

그러나 수필에 문학성, 예술성, 정성이 결여된 글, 아무렇게나 쓰는 글은 낙서에 불과할 뿐 진정한 수필이 아니다.

자신만의 독특한 색깔의 목소리를 내는 주제를 선정해 명확히 정리하는 것이 중요하다. 독자의 흥미를 이끄는 주제를 정하는 것이 무엇보다 중요하다.

그래서 수필 쓰는 방법은 주제가 독자로 하여금 공감할 수 있어야 좋은 반향을 일으킨다. 자신의 경험이나 관심사에서 시작하는 것이 좋고, 주제가 흥미롭고 개인이 체험한 글일수록 더 생동감 있게 다가온다.

현재 디지털 시대에도 개인의 일상을 수필로 쓰고 있어 독자의 관심이 많다.

특히 블로그, 소셜 미디어를 통해서 개인의 일상사가 시시각각으로 더 많은 사람에게 전달되어 독자의 관심과 흥미를 유발해 읽히므로 발전이 이뤄지리라 생각한다.

나. 동서양 수필의 기원

(1). 서양의 수필의 기원

최초 철학가 파르메니데스(BC515~460)의 영감, 「철학 수필, 시 한 편」햄릿, 있음, 없음의 위대한 깨달음으로부터 출발했다고 전한다.

존재 유무를 철학적으로 제시한 사람은 파르메니데스이다. 그의 철학이 존재론의 사유에 대한 서막을 올렸다.

그 철학의 존재론에 사유를 들어 이론을 전개한 사람은 소크라테스를 걸쳐서 플라톤에 영향을 주었다고 전한다.

우주의 물체는 "있는 것은 있고 없는 것은 없으며, 없는 것은 말할 수

없음은 물론 파악할 수도 없다"라는 철학적 사고방식의 기초이론이다.

이런 철학적 사고방식에서 출발한 수필의 기원과 역사는 고대 그리스와 로마의 철학자들이 쓴 에세이 형식에서 출발한다.

르네상스 시대에 들어와 프랑스의 유명한 사상가 미셸 드 몽테뉴(Michel de Montaigne, (1533~1592))는 그의 저서 수상록隨想錄을 통해서 수필의 기초를 다졌다고 전해 내려온다. 몽테뉴 이후 영국의 유명한 정치가이자 철학자 문필가인 베이컨(1561~1626)이 영국 최초로 수필집(The Essay)을 출간한다.

(2). 동양의 수필기원

중국의 한漢나라와 당唐나라시대에 수필의 형식이 최초로 나타났다.

송宋나라 시대에 이르러 '소품문'이라는 명칭으로 문학의 한 장르로 자리 잡는다.

동양의 수필 시초는 중국 남송南宋의 홍매(1123~1202)의 용재수필容齋隨筆에서부터 시작되었다고 전한다. 의지소지意志所之 수즉기록隨卽記錄이란 글은 '뜻이 가는 대로 붓이 따라가 곧이곧대로 기록한 글이라는 뜻으로 수필의 특성과 어의語義를 잘 표현하고 있다.

다시 말해서 수필이란 한자의 '따를 수隨와 붓 필筆자가 합쳐서 쓰인 글'이라는 뜻이다. 홍매의 『용재수필容齋隨筆』을 통해서 수필의 특성과 어의를 잘 나타내 보이고 있다.

다. 東來 김용호 작가는 경남 합천 출신이다. 그의 가계를 간략하게 소개하면, 합천군에서 농업으로 부를 이룬 분은 조부이시다. 부친은 어린 나이에 일본에 건너가 와세다 중학교를 거치며 신교육을 받는다.

조부는 아들이 일본에서 신문사를 경영하며 부를 이뤄 고향에 광대한 농지를 사들여 합천의 지주, 만석꾼으로 성장해 지역 사회의 유지로 일약 명성을 떨친다.

부친은 해방 후 귀국해 일본에서 신문사 경영의 경험과 지식을 바탕으로 부산에서 신문사를 창업 운영한다.

신문사 경영을 토대로 언론인으로서 정계(국회의원)에 진출해 대한민국 정부수립에 참여한다. 그 당시 여당의 주요 인물 6인에 소속되어 국정운영을 주도한다.

예산을 다루는 예산편성위원회 중책을 맡아 중앙방송국 설립에 심혈을 기울여 후에 남산에 KBS 방송국 설립의 토대를 마련한다.

특히 경제개발 시대 남산타워 기초를 다진 부친의 재력은 사회, 정치적으로 당대에 대단한 영향력을 발휘했다고 전한다.

부친을 도운 모친은 섬세한 성격이라 내조를 잘했다. 어렵고 힘들게 사는 고향 사람을 돕는 일에 솔선수범했다고 전한다. 김용호 작가 집안의 배려와 혜택을 받은 이웃의 도움으로 6.25전쟁시 가족의 참화를 피한 일화는 세간의 화젯거리가 되었다.

아버지는 자식의 앞날 직업 분야를 적성에 맞도록 지정해 주셔서 훌륭하게 키웠다.

자식이 정치를 한다면 한 사람 정도는 좋으나 나머지는 각 분야에 진출해 유명한 사람으로 살라고 했다. 딸에 대해서는 비중을 두지 않고 예술을 해도 좋다고 해서 개인의 역량을 마음껏 발휘해 훌륭한 인재로 키운 명문가 집안이다.

언론인, 정치인인 아버지의 유훈을 따라서 사회 각 분야에 진출해 대성을 이룬다.
5남 3녀의 면면을 살펴보면 다음과 같다.
첫째 큰아들은 서울대 출신으로 미국대사관에 참사관으로 근무했다. 한국이 6.25전쟁 이후 어렵고 힘든 시절에 경제, 재정정책에 큰 영향을 준 경제의 대가이기도하다.
둘째 아들은 한국체육계의 유명한 지도자이고,
셋째 아들은 정치를 했다. 서울대 법대 출신으로 헌법재판소 사무처장, 체육부 차관, 국회의원, 변호사로서 로펌을 현재 운영하고 있다.
넷째 아들 김용호 작가는 5남 3여 팔 남매 중 4남으로 한양대 공대를 졸업했다.
우리나라 경제개발시대 기초를 마련한 국가기간산업인 도로 건설 분야에 다년간 종사해 국가와 지역사회의 발전에 많은 공헌과 기여를 했다.
다섯째 아들은 미국대학에서 한국인 최초로 인정받은 신경외과 전문의 출신으로 미국, 한국에서 오랫동안 환자를 돌보고 치료해 명의로 명성을 날리고 있다.
딸 3녀 중에 큰딸은 경남여고, 서울대 법대 출신으로 이태영 박사와 가정 법률사무소를 운영해 사회, 가정 문제를 다룬 법조계 원로이시다. 서울대 컴퍼스 커플로 서울대 법대학(원)장 배제식 박사가 남편이시다.

둘째 딸, 작은 누님은 이대 출신으로 체육인, 이화인으로 유명하시다.

셋째 딸은 천재로서 이대 영문학과 출신으로, 영국으로 유학 갔다가 프랑스로 건너가 프랑스 솔본느대학 불문학 비교문학박사로서 세계적으로 유명한 학자이다.

김용호 작가의 가족은 부친 영향으로 서울대 법대를 비롯한 국내외 명문대를 졸업한 상류 집안을 이뤘다.

東來 김용호 작가는 특유의 짙은 경상도어를 구사해 늘 친근감 있게 대가 온다. 그와 대화를 나누는 동안은 솔직 담백하리만치 순수해선, 후배 문인 간에 좋은 정평이 나있다.

그는 현대계간문학 수필가로 신인문학상을 수상하고, 사)한국문학협회 이사를 거쳐서 현재는 수필분과 회장으로 문학성을 다지고 매사에 솔선수범하는 문단의 인재이다.

한국예술문화타임스, 시인 뉴스포엠 고문, 에세이강남문학회 명예회장을 하고 있다.

동인지 『겨울 숲의 향기』, 『향기로 머문 자리』, 『사랑에는 향기가 있다』, 『향기로 그리워하다』, 『현대시담』, 『시와 수필의 香』, 『세계화를 향한 한·영 시선』 제2집외 다수를 상재했다.

라. 수필가 김용호의 「할아버지가 되어」, 「행복. 이 모두가 행복 아닌가」, 「간절함」을 수필론 하고자 한다.

(1). 할아버지가 되어

"자장자장 잘도 잔다. 우리 아기 잘도 잔다." 이것은 우리가 어렸을 때 자주 들었던 자장가의 첫 소절이다.

"우리 ㅎㄹ 예쁜 ㅎㄹ 우리 ㅎㄹ 정말 예뻐요. 이것은 외손녀가 태어났을 때 내가 안고 부르던 자장가이다. 요즈음도 함께 있을 때 이 노래를 하면 바로 따라 부른다.

나 뿐만 아니라 같은 시대를 살아온 우리나라 국민은 명절이나 휴일도 없이 새벽에 밥 먹고 일터에 나가 자정 가까이 되어서야 퇴근했다. 나는 어린 딸이 너무 좋아 앞뒤도 제대로 가리지 못하는 아이를 전라남도 승주의 국도건설공사 현장에 1박 2일 간의 출장에 까지 데리고 갔던 일이 엊그제 같다. 산업화 시대를 살아온 나는 가정보다 일을 위해 살아온 세대이고 보니 자식에 대하여 베풀지 못한 사랑을 메워 주고 싶은 마음이 항상 내재해 있다.

10월 9일 한글날이다. 내가 제일 좋아하는 초등학교 6학년인 손녀는 오지 않고 사위와 딸이 왔다. 그러고는 조심스럽게 그림 한 점을 내어 놓는다. 창문을 배경으로 한 석류, 감 그리고 사과를 그린 정교한 정물화였다. 잘 그려진 것이라 화가의 그림이라 생각하여 누구 작품이냐고 물어 보았다. 중학교에 진학할 손녀가 그린 것이라며 Y학교에 지원했다고 한다. 당연히 바이올린으로 지원했으려니 했는데 미술로 지원했다고 한다. 갸우뚱하며 재차 확인해도 미술이다. 미술을 한다는 것은 전혀 몰랐기에 인생의 첫 입시부터 어려운 선택을 한 것이라 아차 하는 생각까지 들었다. 10월 13일부터 사흘 간 시험을 치르니 오늘 함께 못 왔다고 한다. 이에 나는 그냥 고개만 끄덕였다.

손녀가 태어나자 나는 고문직으로 근무하는 회사에서 오후 4시 경 퇴근하여 귀갓길에는 매일 딸네에 들러 외손녀를 안아주며 성장 과정을 함께했다. 특히 딸의 딸이자 나를 할아버지가 되게 한 첫 손녀기에 애정의 강도는 진했다.

욕심 많은 나의 딸은 손녀에게 어릴 때부터 바이올린, 발레, 수영과 댄스 등등 여러 분야 공부를 하도록 했다. 너무 심하다 싶어 적당히 하라고 했더니 친구들이 다들 하는데 안 하면 불안하다기에 더할 말이 없었다.

그런 과정에 '예술의 전당'에서 예술 단원 모집이 있었다. 초등학교 4학년 생으로 기악부의 바이올린 연주자를 한 명 선발한다는 공고가 났다. 선발은 3단계의 시험을 거쳐 합격했다. 단원이 되자마자 예술의 전당과 세종회관에서의 공연과 지방 공연을 다니는 것을 보니 너무 대견스럽고 자랑스러웠다. 5학년이 끝날 무렵 새로 부임한 예술의 전당 이사장의 경영 방침으로 어린이 예술단 해체가 거론되자 지레 그만두고 나왔을 때 나는 몹시 섭섭했다. 손녀는 그만두고 나와서 그때부터 그림을 그리고 싶다며 미술 학원에 다녔다. 학원 수업 3여 개월 만에 지도 선생에게 놀랄 정도의 재질을 보였다는 것이다. 본인도 음악보다 미술이 좋다고 했다.

집 거실에는 외손녀가 초등학교 때 그린 정물화와 또 한 점의 그림이 있다. 그 그림은 지난 5월 어버이날을 맞아 중학생이 된 손녀가 초등학교 졸업 전에 그린 그림이라며 나에게 선물로 보낸 것이다. 그림 속에 있는 설명을 보면 '저의 그림은 손 위에 물이 있는 상황에서 아주 큰 물고기를 잡은 어부를 그렸습니다. 이번에 데페이즈망 기법을 사용해 그려야 되는 그림이어서 배와 사람이 손보다 작게. 그리고 사람과 배보다는 물고기를 훨씬 크게 그렸습니다. 그리고 손에서 물이 흘러내리고 튀기는 상황을 사용해서 그림을 더 실감 나게 표현하였습니다.'로 되어있다.

그 후 손녀를 만나 나눈 이야기는 더욱 감동적이다. 그 그림에 있는 손은 손녀의 손이고 손 안 바다에 뜬 배의 어부는 할아버지라 생각하며 그렸다고 한다. 갑자기 헤밍웨이의 '노인과 바다'라는 소설이 떠올라 "너 노인과 바다라는 책 읽었냐"고 물어보았다. "아뇨" 하며 "이 그림은 할아버지 생각하며 그렸으니 할아버지 거에요"라 한다. 이때 느낀 감동의 여운은 아직도 가시지 않는다. '노인과 바다'를 중학교에 갓 입학한 초년생이 읽을 책도 아니란 생각과 읽지도 않은 아이가 이런 그림을 구상하여 그린 작품이라 생각하니 나는 다시 한 번 놀랐다.

이 그림을 잘 보이는 위치에 걸어 놓고 보니 마침 거실 등 스위치 바로 위다. 그림을 볼 때마다 너무 좋다. 또 알면서도 깜짝 깜짝 놀란다. 그림 속 손에서 넘쳐흐르는 바닷물이 마치 스위치 안으로 들어가는 것 같아 감전 위험마저 느낀다. 그러나 참 좋다!

할아버지가 되어 보니 부모·형제, 일가친척 모두가 정도의 차이는 있으나 세월의 흐름에 따라 점점 관계가 멀어지고 희미해지는 것은 지극히 정상이다. 그러나 그 허전함을 어쩔 수가 없다. 그 자국은 지나온 세월에서 아름다운 것들의 기억으로 메워가며 살아간다.

- 「할아버지가 되어」 전문

얼마나 사랑하고 좋아하면 어린 딸을 데리고 1박 2일간 전라남도 승주의 국도 건설공사 현장에까지 데리고 갔을까?

바쁜 일과로 평소에 잘 대해주지 못한 부모의 마음이 고스란히 숨어 있다. 그렇게 사랑했던 딸이 시집가서 예쁜 손녀를 낳아서 더욱 짙은 사랑을 하게 된 동기인지도 모른다. 할아버지의 외손녀에 대한 지극 정성과 사랑이 눈에 선하게 다가온다. 얼마나 외손녀를 사랑하면 손녀가 태어나자 근무하는 회사에서 퇴근하며 귀갓길에 매일 딸네 집에 들러 외손녀를 안아주며 성상 과성을 시겨보고 함께 했을까를 생각한다. 특히 사랑하는 딸이 손녀를 낳아서 할아버지가 되게 한 동기가 더욱 첫 손녀를 사랑하게 되었다고 필자는 말하고 있다.

손녀에 대한 지극 사랑이 그림처럼 다가와 잔잔한 감동을 준다.

(2). 행복. 이 모두가 행복 아닌가

일요일 오후다. 평온한 마음으로 집 앞 양재천으로 나가 칸트 동상이 있는 상류로 향한다. 그곳은 내 마음의 평안을 안겨주는 장소다. 한 바퀴 돌아오면 팔천보다. 그곳으로 갈 때면 몸과 마음은 항상 건강함과 행복을 느낀다. 칸트가 말하는 행복의 조건은 어떤 일과 사랑 그리고 희망을 가져야 한다는 세 가지다. 이는 나에게 쉽게 받아들여졌다. 정년퇴임 후 글 쓰고 노래하는 능동적인 일을 하고, 처자와 손자 그리고 멋진 친구들과 어울려 사랑을 나누고 있다. 그리고 심신이 건강한 상태로 희망찬 여생을 위해 하루하루 자신 관리를 잘 하고 있다.

지난해 여름폭우로 칸트 동상이 유실되어 새로 제작한 동상은 안전한 곳으로 자리를 옮겼다. 원래 '칸트의 산책길'인 하중도河中島에서는 벤치에 앉아 두 손으로 책을 펴보는 모습이었다. 지금은 '수변무대'의 관중석에서 두 손을 무릎 위에 포갠 체 앞을 보고 앉아있다. 칸트가 다시 왔다는 안도감은 들었으나 동상의 포즈에 느낌은 사뭇 다르다.

어린 시절 내 나름에서 고민하며 그 해법을 찾고 싶은 것 두 가지가 있었다. 온대 지역인 우리나라에 태어난 어려움 극복과 무지개와 보석에 대한 생각이다.

열대지방에 태어나 옷 걱정 없이 추위를 모르고 사는 나라 사람을 부러워했다. 해방후 못살던 시절의 어린 마음에 사계절인 온대 지방의 겨울철 추위와 옷차림도 동복, 춘추복, 하복을 가져야 하는 가난의 나라에 사는 것에 불만이 있던 어린 시절을 생각했다. 새옹지마인 것도 모르고.

무지개를 보고 이를 붙잡고 싶어 말을 타고 무지개를 향해 달렸다는 소년 나폴레옹을 생각했다. 당시 나는 아름다운 빛으로 만들어진 무지개를 좇으면 분명 빛을 발하는 그곳에는 황금과 보석이 가득 있을 것이라 믿었다. 무지개는 잡고 싶어도 잡을 수가 없고 그곳에는 보물이 없다는 것도 나이가 들며 차츰 알게 되었다.

젊은 날 행복이 무엇인가. 어디에 있는가를 생각하며 동양과 서양에서 추구한 행복에 대한 글을 본적이 있다. 이를 다시 한 번 뒤져본다.

동양은 문서로 정리된 것은 없으나 중국에서 가장 오래된 기원전 22세기 요순삼왕시대의 정치 생활의 단편을 집대성한 서경에서 행복이 언급됐다. 오복을 누리고 육극을 피하는 것이 그 시대 최고의 행복이었다. 지금에도 크게 변하지는 않은 것 같다.

서양의 행복론은 기원전 5세기 소크라테스로 부터 시작되어 행복은 인간의 노력으로 얻을 수 있는 것이라 했다.

동서양의 행복에 대한 글을 되새기며 객관화하여 보기도 해보았으나 나에게 더는 감동을 주지 않았다. 마치 신기루와 같은 행복은 어느 곳도 아닌 자신의 내면에 존재하고 있음을 깨닫는 데는 긴 세월이 요구되었다.

나이가 칠순을 넘어서니 내 주위에 존재하는 모두가 아름답다. 추함과 미움에도 가치부여를 하니 모두가 좋아져 일상이 평화롭다. 때로는 적막을 느낄 정도로 근심·걱정이 없어 너무 오래 살았냐며 자문을 해 보기도 한다.

수년 전부터 아침 잠자리에서 눈을 뜨면 '감사합니다.'를 된다. 특정 종교에 귀의하지 않았으니 누구에게 감사했냐고 자문을 해 보기도 했다. 운명의 신, 하느님, 부모님, 엄마였냐며. 답은 하느님이다.

지난주는 외손녀의 고등학교 입시 주간週間이었다. 시간이 꽤 지나서 주말 오후 늦게서야 합격발표를 접했다. 10월 한 달 동안은 외손녀에게 부담될까 하여 연락조차 자제하고 마음 줄이던 시간을 벗어난 순간이었다. 지나온 내 인생을 돌아보니 딸과 아들 그리고 손자가 나를 춤추게 한다.

- 「행복. 이 모두가 행복 아닌가」 전문

칸트가 말하는 행복의 조건은 어떤 일과 사랑 그리고 희망을 품어야 한다는 세 가지 인생 목표이다. 그 영향을 받아 오늘도 열심히 살고 있는 작가이다.

남보다 부유하게 살면서도 열대지방에서 태어나면 사시사철 옷, 식량에 대한 걱정 없이 편안히 살 수 있고, 온대 지방에서 태어나 추운 겨울을 지내는 고통과 계절에 따른 생활환경에 맞춰서 사는 어려움에 고심한 흔적이 예사롭지 않다.

황금보석이 가능하리라 생각하며 무지개의 꿈을 좇은 나폴레옹이나 젊은 날 행복을 찾아 헤매고, 방황한 고뇌를 세월이 흐르면서 깨닫는 성찰에 깊은 감명을 받았다.

모든 행복의 근원은 마음먹기에 달렸다는 순간 평안과 감사한 삶은 하느님에게서 온다는 사실을 깊이 성찰했다. 더욱 작가의 희망인 외손녀의 고등학교 합격이 모든 기쁨과 행복으로 연결되는 인간의 삶에 대한 진실과 소박한 바람이 행복과 감사의 말로 마무리하고 있다. 행복을 누리며 사는 오늘날 우리나라의 할아버지 상이다.

(3). 간절함

생뚱맞게 바이올린을 하던 외손녀가 그린 그림 한 점을 들고서 딸이 왔다. Y학교 미술 분야에 응시했다고 한 것이 3년하고도 4개월 전이다. 그날이 엊그제인 것 같은데 오늘 졸업식에 참석하니 만감이 교차한다.

졸업식장에 도착해 자리를 잡으니 "Y 학교 52회 졸업기념호"란 안내 책자가 있다. 그 책에서 손녀의 이름을 찾다 보니 2023 Y 졸업미전 페이지에서 "간절함"이란 제목의 그림이 눈에 들어온다. 기도하는 어린 소녀다. 상상외로 종교적인 내음이 풍기는 그림이라 딸에게 이 그림의 주제가 무엇이냐고 물어보았다.

지난해 10월 고교입시 기간 동안 마치 자신이 깜깜한 텅 빈 공간에 혼자 남아있는 것만 같은 두려움과 무서움에 밤마다 드렸던 기도를 통해 조금씩 덜어냈던 본인의 모습이라고 한다. 그리고 앞으로 본인을 비롯한 후배와 친구에게도 남은 입시에 마음이 전달되어 모두의 입시에 도움이 될 수 있는 최고조의 간절함을 담은 작품이라는 설명이다. 어린 아이로만 생각하고 우려한 나의 마음은 이미 평온함에 젖어있었다.

멋모르고 중학교에 합격하여 입학을 하고 기뻐하던 때가 엊그제인 것 같은데 고등학교 입시에 스트레스를 얼마나 엄청나게 받았기에 이럴까를 생각하니 마음이 찡하다. 어찌 보면 세상살이가 쉽지 않음을 중학교에 다니면서 알게 된 것 같다. 그냥 자라던 아이가 차츰 경쟁 사회의 일원이 되어 감을 보니 세월은 멈추지 않고 계속 발전한다는 걸 새삼 느낀다.

무남독녀 외동딸에다 친, 외가 할머니와 할아버지가 모두가 생존한 부모가 유달리 똑똑한 환경에서 자라고 있는 복이란 복은 모두 타고난 아이다. 더욱 양가에 첫 손주이니 사랑과 보살핌이 넘친다. 집중된 사랑을 받고 자라다 보니 자연히 자기밖에 모르는 어린 시절을 지내왔다. 그런데 겨우 중학 3년에 어엿한 소녀가 되어 친구는 물론 후배에게까지도 배려하는 마음씨를 졸업식장에서 느끼게 되니 새삼 놀랍고 자랑스럽기까지 하다.

전국적인 경쟁으로 합격한 중학생 모두가 친구도 없고 모르는 상태라 반장을 담임선생이 무작위 추첨으로 뽑았다는데 외손녀가 1학기 반장이 되었다. 2학년이 되어서는 투표로 부반장에 선출되었다고 했다. 이것이 주변을 살피는 배려심 배양에 많은 도움이 되었겠다고 생각한다.

나의 아들과 딸의 성장 때는 이렇게 멋진 성장을 왜 못 느꼈느냐며 자문을 해도 본다. 그 당시는 사회 전체가 직장 우선 시대였다. 집안일인 아이들의 성장에 따른 지도와 보살핌은 내자에게 모두 맡기고 가장은 그 존재감만을 유지하는 데 급급했다. 다른 생각은 할 겨를조차 없었던 시대였다.

한 번도 생각해본 일이 없는 내가 중학교에 입학하여 1년 이상을 허우적거리며 하나둘 매듭을 풀어가던 그 시간을 떠 올려본다. 나의 중학 시절을 집중하여 회상해 보기는 이번이 처음이다. 생각해보니 중학 입학 때 어리둥절했던 나도 졸업 때는 깨달은 것이 너무 많았다. 주먹이 세다고 대장이 되고, 공부를 1등 해야 반장이 되거나 지도자가 되지 않는다는 것을 알기 시작했다.

삼국지연의에서 여포와 제갈공명을 보며 힘이 아무리 세어도, 머리가 아무리 좋아 공부를 제일 잘하더라도 지도자가 되는 것은 아니라는 생각을 한 것이다. 또한, 세상사 마음대로 생각하는 데로 됨이 어렵다는 것을 알게 되었다.

학교에 다닌다는 것만으로 공부가 해결되지 않는다는 것, 공부라는 것은 예습과 복습이 필요하다는 것 등등을 깨닫는 데는 1년 이상이 걸렸다. 굳이 원인을 찾자면 나의 생일이 정월생이라 일곱 살에 입학해 나이 어린 탓이라 할 수 밖에다. 나이가 어린 후니 하는 짓이 다 어렸을 것이기에. 인생이란 변화가 무쌍하여 뜻대로 살기가 어렵다는 것을 깨달았던 시기도 중학교를 졸업할 때였다.

중학 입학 이후 초등학교 때처럼 나의 성적이 왜 1등이 안 되나, 왜 친구들이 나를 알아주질 않기 라며 환경변화에 당면하여 적응이 되지 않아 현실에 물음표만 계속 던지던 시절이다. 그러나 맑은 하늘에 피어오르는 뭉게구름 같던 어린 나의 꿈은 차츰 현실에 가까워지고 있었다. 부산 동래에서 자란 어린 시절에서 한 시간여의 통학을 하며 부산의 수많은 초등학교 우등생이 우글거리는 중학교인 걸 모르고 내가 1년 이상 미궁을 헤매었다.

중 3학년 졸업반이 되어 나는 1등만이 최선이 아니라는 생각과 꼭 지도자가 되어야 한다는 목표설정을 지웠다. 영화에서도 주인공보다는 조연의 역할도 눈여겨보며 조연이 더 나을 수도 있다는 생각을 갖게 되었다. 고집대로 앞과 위만 보고 살기보다 위아래와 전후좌우도 보며 최선의 길을 택함에 신경 쓰자는 생각을 하게 된 시기였다. 이 세상사 모두가 내 뜻대로 되는 것이 아니라는 것을 어린 나이에 알았던 것이다.

외손녀의 "간절함"이란 작품으로 나의 지난날을 돌아본다. 중학교, 고등학교 그리고 대학교 졸업과 인생의 때마다 나 모르게 크고 많은 변화가 일었음을.

- 「간절함」 전문

인생을 살아오면서 자기만의 꿈과 희망의 나래를 펴려고 누구나 무척 노력한다. 그러나 인생길이란 자기 목표대로 흘러가기 어렵다. 어찌보면 세상살이가 쉽지 않음을 암시하고 자라면서 경쟁 사회의 일원이 되어 계속 발전한다는 사실도 알았다. 그런 세월을 보내면서 주먹이 세다고 대장이 되고, 공부 1등 해야 반장이나 지도자가 되지 않는다는 사실을 알게 된다. 그"예"로 삼국지연의에서 여포와 제갈공명은 힘이 세고, 좋은 머리로 공부 잘해도 지도자가 되는 것은 운명이고, 세상사 사기 마음대로 되기는 더욱 어렵다는 것도 뒤늦게 알게 되었다는 작가는 맑은 하늘에 피어오르는 뭉게구름 같던 그의 꿈은 차츰 현실에 적응하면서 인생이란 꼭 1등이 아니면 차선, 영화에서처럼 조연 역할도 막중하다는 사실을 알고서 앞과 위만 바라보고 살기보다는 위아래와 전후좌우도 살피며 최선의 길을 택해 사는 것이 인생의 올바른 길이라는 것을 외손녀의 "간절함"이란 작품을 통해서 작가의 과거사를 되돌아보는 계기가 되었다고 회상하고 있어 깊은 감명을 받았다.

마. 東來 김용호 작가의 수필세계

자상하고 세세한 손녀 사랑은 우리 시대 할아버지의 자화상을 들여다보는 것과 같은 심오한 경지에 빨려 들어간다. 어쩌면 손녀와 생각, 호흡이 그렇게 잘 어울리는지 무조건적이며 한없이 주는 사랑은 우리 시대의 귀감이 되고 있다. 세세한 정감과 한없이 베푸는 자식 사랑은 부모가 된 독자 여러분에게 잔잔한 감동을 주고 있다.

8

정숙하고 해박한 文筆家로서
隨筆 世界의 새로운 지평을 열다

消湖 박종숙 수필
「다육 선물」, 「시간의 변화」, 「고향을 그리는 사람들」 수필론

8
정숙하고 해박한 文筆家로서
隨筆 世界의 새로운 지평을 열다

消湖 박종숙 수필
「다육 선물」,「시간의 변화」,「고향을 그리는 사람들」 수필론

가. 수필이란 언어를 이용해 쓰는 자유로운 글의 형식이다.

작가 자신의 감정이나 일상생활을 체험하며 보고 듣고, 느낀 감정을 생각나는 대로 쓰며 예술적으로 승화시켜 표현하는 글이다.

글의 형식은 다양한 소재, 자유로운 사고에 기반을 두고서 쓰는 짧은 분량의 글로서 원고지 15매 정도 전후의 분량이면 좋다.

수필을 잘 쓰기 위해서는 남의 수필을 많이 읽어 보고 꾸준한 공부, 연구, 습작, 자기계발과 의식 등 노력을 지속해야 한다.

정성을 들여 쓴 글이라 할지라도 글속에 문학성, 예술성이 가미되어 서정성이 돋보이고 재치와 해학이 넘치며 위트 wit와 유머 humour가 있어야 한다.

고상하고 우아한 수필 본연의 품위 성을 지니고 있는 문학이라면 독자로 하여금 독특한 감성을 느끼고 흥미를 유발해 좋은 수필, 에세이 Essay라는 평판을 받게 된다.

나. 우리나라 수필의 역사

　우리나라 최초의 산문 형식의 수필은 오랜 역사를 지닌 삼국시대부터 전해 내려온다. 삼국시대를 대표하는 『삼국사기』, 『삼국유사』가 기록물로 남아 있다.

　현재 가장 오래된 수필은 삼국시대 신라인 해초가 인도를 다녀오면서 기행문 식으로 지은 『왕오천축국전』이 있다. 이 수필집은 중국 둔황에서 발견되어 전해 내려온다.

　고려시대에 들어서 최자의 『파한집』, 이규보의 『동국이상국집』으로 당대의 대표적인 수필집이다.

　조선시대에는 많은 저자들이 등장한다.

　그중에서 유명한 성현의 『용재총화』, 류성룡의 『징비록』, 이순신의 『난중일기』, 이익의 『성호사설』이 있고 이름이 알려지지 않은 『청구야담』, 『동아휘집』 등이 전래 하고 있다. 수필의 정확한 형식은 영조, 정조 시대 실학자였던 연암燕巖 박지원朴趾源 (1737~1805)이 쓴 『열하일기熱河日記』에 기반을 두고 있다.

　박지원이 쓴 열하일기에 『일신수필馹迅隨筆』이라는 글이며, 여기에 처음 수필이라는 단어가 나온다. 그는 실학자였던 홍대용으로부터 서양의 신학문을 배웠다.

　중국 청나라에 가서 중국인의 이용후생利用厚生하는 실생활을 직접 보고서 실학에 뜻을 두고 배웠다고 전한다.

　그 이후 안정복의 『상현수필』, 윤흔의 『도남수필』, 이민구의 『독사수필』 등이 있다.

1908년 최초 월간 종합지 『소년少年』, 1914년 출간한 『태서문예신보』, 1919년 발간한 『창조』에 기행문, 감상문 등의 명칭만 보이고, 수필이라는 명칭은 나타나지 않는다. 그 이후 한참 세월이 지나서 1928~1929년대에 이르러 수필이라는 말이 보편화되어 쓰이기 시작한다.

수필이란 시대별 사회의 생활상, 인간 심리, 인간의 여러 가지 모습과 풍습 등을 잘 보여주는 거울과 같은 글이다.

시대의 생활상을 반영하는 수필은 귀중한 문학 자료로서 무수한 세월이 지나도 고유의 가치가 상실되거나 시대에 뒤떨어지는 것이 아니다. 다만 그 시대의 풍습을 반영하고 변천에 따라서 계속 유지 발전하고 소중하게 여기는 문학으로서 우리의 실생활을 반영하는 귀중한 역사 자료이며, 예술적인 문학으로서 유지하고 있는 이유인지도 모른다.

현재 많이 쓰이고 있는 일반 수필의 형태로 일기, 기행, 야담, 시화, 비평 등이 있다. 칼럼도 수필의 한 형태로서 주로 시사, 사회풍속, 관습에 대해 짧게 평하는 글이다.

다. 消湖 박종숙 작가는 물 맑고 공기 좋은 호반의 도시 춘천에서 아름다운 산천의 풍광을 그리며 일상의 소소함을 문학으로 승화시켜 나가고 있는 작가이다.

우리 인간은 천혜의 자연을 사랑하고 그 환경을 보듬고 가꾸면서 지상낙원의 이상향을 꿈꾸며 살고 있다. 그러므로 천상의 행복과 평화로움을 누리며 자연과 함께 삶의 원천을 찾아 정신적으로 위안을 받고자 노력한다. 자연환경이 우리 인간 생활에 얼마나 지대한 영향을 미치는가에 따라 삶의 형태가 달라진다.

호수를 둘러싸고 있는 평화스러운 고장 사람들은 물을 접하는 만큼 일상 역시 유연하고 소박하며 모나지 않은 성품을 가지게 되므로 주변 환경을 닮아 갈 수밖에 없다. 그러므로 자연을 대상으로 사유하고 심도 있게 본질을 탐구하면서 물화 일체가 되기도 하고 서정적이고 순순한 정신을 구가할 수 있는 영향력을 갖게 된다. 이에 작가의 뛰어난 글재주가 더 해진다면 모든 이들 가슴에 잔잔한 감동을 주게 될 것이다. 박종숙의 수필 세계는 우리의 정신세계를 한층 맑고 건전하게 이끌어 가는 또 다른 마력을 지니고 있다.

　춘천문화원 문예창작반에서 21년간 수필을 강의하며 춘천수필의 텃밭을 다져온 작가는 강원도 문인협회장, 춘천 문인협회장, 수필문학 추천 작가회장으로 소임을 다하고 현재는 국제 펜 한국본부 이사 한국수필문학가협회 회장, 계간 수필 운영위원, 월간 수필문학 편집위원으로 활동하고 있다.

　문학상 수상으로는 강원도 문화상(문학) 강원 문학상, 연암 수필문학상, 김규련 수필문학상, 한국문학 100년 상, 탐미문학상, 강원수필문학상, 국제 펜문학상을 수상했다. 저서로는 수필집 『호수지기』외 11권, 『수필선집』 3권, 『수필교재』 1권 등 총 15권을 상재했다.

라. 수필가 박종숙의 수필세계 「다육선물」 「시간의 변화」 「고향을 그리는 사람들」을 수필론 하고자 한다.

(1). 다육 선물

　　대화의 창을 열려면 뜸 들이는 시간이 긴 나는 아무에게나 덥석 마음을 여는 성미가 아니다. 신뢰가 쌓이고 뜻이 통해야만 굳게 닫혔던 문을 여는 미련퉁인데 그때가 되면 속을 탈탈 털어 깡그리 들어내 보이는 멍청이가 된다. 요즘 나를 자주 불러내 주는 Y 선생은 빗물을 흠뻑 빨아들인 창호지 같은 친구이다.
　　코로나로 대면이 어려워진 만큼 어쩌다 점심을 먹고 둘레길 걷기를 시작하면 살아가는 이야기부터 시시콜콜한 일상을 털어놓으며 발길을 옮기게 된다. 개천을 끼고 갈대가 우거진 사이로 흐르는 물소리를 듣기도 하고 물오리들이 나들이를 나와 헤엄치는 모습을 보기도 하면서 자연과 더불어 맑은 공기를 마시는 기분은 돈 주고도 살 수 없는 행복을 느끼게 한다. Y 선생은 언제부턴가 굳게 닫혔던 나의 쇠문을 조금씩 비집고 들어와 우리 사이의 벽을 허물어 주었다. 스스로 깨어나지 못하는 알을 온기로 품어 부화시키는 어미 새처럼 지친 내 영혼을 어루만져 주기도 했다.
　　그날은 교도소에서 신촌리로 나 있는 물레길을 걸었다. 대룡산에서 흘러내리는 물줄기를 따라 걷다가 중간쯤에서 선생이 문득 다육식물을 보고 가자며 이끈 곳이 있다. 길옆 비닐하우스로 들어서니 별별 모양의 화분들이 빼곡하게 들어차 있었다. 눈이 휘둥그레진 나는 수 백 종의 고물고물한 화분들을 돌아보며 입을 다물지 못했는데 어느새 열 손가락을 다문다문 펼쳐 든 다육 화분이 내 품에 덥석 안겨지는 것이었다. 바쁘다는 핑계로 화분 건사는 남편 몫으로 정해놓았는데 생명을 책임질 일이 순간 부담스럽게 다가왔다.

"다육이 너무 예뻐요. 한번 키워보세요"

그 후 화분을 바라볼 때마다 나는 Y 선생이 쏟아준 정을 생각하며 걱정을 앞세웠다. 나의 부주의로 혹여 다육식물을 죽일까 봐 여간 우려스러운 게 아니었다. 다육이는 물을 자주 주면 안 된다는 말을 듣고 신줏단지 위하듯 베란다에 모셔놓고 여름을 난 어느 날 찬 서리가 내릴 무렵이었다. 남편이 창에다 뽁뽁이를 부친다고 수선을 떨더니 이튿날 다육이 열 개 손가락 중 두 개만 남고 모두 부러져있는 것이 보였다. 순간 남편을 향해 버럭 화를 내긴 했지만 Y 선생에겐 여간 미안한 게 아니었다. 거금을 주고받은 다육이를 저 모양으로 만들었으니 어쩌나 싶어 통통 부어있는데 다음 날 남편은 오만원권 지폐 한 장을 식탁 위에 올려놓으면서 내 눈치를 살폈다.

"이걸로 화분을 하나 사지" 나는 그 말을 냉큼 되받아 쏘아버렸다.

"누가 사는 걸 몰라요?, 그게 같은 물건이냐고요?"

속을 끓이는 줄 알고 있기나 한 듯 때맞춰 Y 선생이 전화했기에 실토하면서 미안한 마음을 전했다.

"아이~ 걱정하지 마세요. 또 사면되지요. 뭐"

듣기 좋게 위로를 하더니 이번엔 두 개의 화분을 들고 나타났다. 하나는 작은 꽃들이 공 모양 함빡 핀 앙증맞은 나무이고 하나는 통통한 잎이 꽃처럼 실한 다육식물이었다. 날씨가 추우면 또 죽일까봐 거실에 들여다 놨더니 이번엔 실하던 잎이 자꾸 떨어지고 통통한 잎이 무르면서 신경을 쓰게 만들었다. 인터넷으로 생육법을 찾아보니 무름병인 것 같아 부랴부랴 화원으로 들고 가서 상태를 점검해 달라고 했다. 가게 주인은 흙이 나쁘다면서 굵은 모래로 분갈이를 해주며 물을 자주 주면 안 되느냐는 내 물음에 그것도 생물인 만큼 화원에서는 일주일에 한 번씩 물을 준다고 했다.

겨울이 되자 걱정이 되어 화분대를 따로 마련하여 햇빛이 잘 드는 창가에 놓아두고 밤이 면 영하의 기온에 얼어 죽을까 봐 비닐을 씌워주고 주말이 되면 한 번씩 물을 주며 건사를 했더니 처음의 형태는 잃었지만, 다행히 생명은 유지하게 되었다. 나는 그제야 다육을 돌보며 법정 스님이 말한 무소유를 생각했다. 욕심을 버리면 근심도 없어지는데 그 대가를 단단히 치르는 기분이었다. 그동안 별 관심도 없던 내가 밤마다 화분에 비닐을 씌워주고 물을 주면서 신경을 쓰는 것을 보고 남편은 신기해하였다. 살아있는 생물을 선물 받는다는 건 진정 부담스러운 일임에 틀림이 없었다.

지금도 화분을 들여다볼 때면 Y 선생의 말이 생각나서 특별히 잘 키워야 할 텐데 걱정이 앞선다. 나이 들어가는 늙은이에게 생명의 신비를 느껴보라고, 무료함을 달래보라고 선물해준 마음은 고맙지만, 우리 우정의 끈을 그 다육식물이 안고 있는 것만 같아 여간 신경 쓰이는 게 아니다. 오늘도 무료함이 깊어가는 내 심사를 달래듯 Y 선생은 휴대전화로 살금살금 고양이처럼 다가와 뜻을 전한다.

"오늘 아침 쑥 반대기를 쪘어요. 커피하고 가져갈 테니 강변 산책은 어떠세요?"

그 말에 벌써 가슴이 부풀어온다. 나도 부지런히 과일을 챙기면서 하루를 창조하는 일은 그날의 시작에 있다고 내심 서둘렀다. 행복은 스스로 만들어 가는 일이어서 하루하루가 즐거우면 한 달이, 한 달이 즐거우면 일 년이 즐겁다고 하지 않던가. 나이 들면서 마음 맞는 친구를 갖는다는 건 세상을 얻는 일이나 다름없다. 우리는 조금 걷다가 강가에 놓인 의자에 앉아 짐을 풀었다. 날씨가 풀리면 산책을 하다가 중간쯤에서 쉬어가며 준비해온 간식을 먹어도 좋겠다고 맞장구를 치며 화통하게 웃었다.

- 「다육 선물」 전문

생의 존중, 자연과 사람과의 어울림, 삶의 조화를 귀중히 여기며 한 번 챙기면 끝까지 책임지며 보살피는 아리따운 마음의 그림자가 풍경화 그리듯 선하게 다가온다.

Y 선생과의 인연, 일상생활의 모습, 법정 스님의 무소유 가르침은 과유불급이라는 말처럼 지나친 욕심은 우리 삶이 편안치 않고 오히려 근심·걱정으로 그 대가를 치르는 모습이 영상처럼 다가온다.

수필가 박종숙은 보기와는 달리 여인의 섬세하고 사려 깊은 마음이 심연에 자리 잡고 배려와 사랑으로 매사를 신중히 보고 받아들이는 삶의 모습이 잔잔한 감동을 준다.

(2). 시간의 변화

가까운 문우로부터 이메일을 받았다. 하루에도 십여 통씩 보내주던 소식들을 인제 그만 접기로 했단다. 그분은 어디서 그런 정보를 얻었는지 한동안 세계 여러 나라의 희귀사진, 풍경, 건강 상식, 좋은 말들, 역사

기록물, 흘러간 옛 노래, 영화까지 한꺼번에 5-60편이 든 목록들을 매일 같이 서너 통 보내주곤 했었다. 알고 보니 내게만 그런 것이 아니라 측근의 모든 분에게 그랬으므로 진저리를 내고 있었다. 쏟아지는 정보와 서적들 홍보물들을 주체할 길 없는데 컴퓨터 이메일에까지 도배하니 짜증스럽다는 이야기였다.

그동안 보낸 글 잘 읽어주어 고맙다는 내용과 함께 건강에 신경 쓰기로 했다는 그분의 마지막 인사말을 보면서 후련하기도 하고 섭섭하기도 했다. 자신의 행위가 남에게 피해가 간다는 사실을 뒤늦게 안 것인지 아니면 누군가 보내주는 정보를 혼자 보기 아까워 공유하려다 보니 시간 투자에 무리가 갔던지 둘 중 하나일 것 같았다.

얼마 전 파울로 코엘류의 소설을 읽다 보니 시간은 흐르는 것이 아니라 변화한다는 말이 있었다. 시간도 정지되어 있으면 진전이 없고, 퇴화하므로 변해야 발전할 수 있는 것임은 자명한 이치다. 그러나 시간이 흐르는 것은 자동적이고 순리적이지만 변화는 타동적이고 스스로 찾아야 하니 능동적인 움직임이 필요한 셈이다. 어쩌면 시간의 변화에 따라 새로운 삶을 찾으려면 그만큼의 수고로움을 감내해야 하지 않을까.

젊은 사람들은 자신과 같은 생각을 하는 사람들에게 친근감을 느끼는 것이 아니라 오히려 이질감을 주는 사람들에게 더 호감을 갖는다. 상대의 특이한 점을 발견하면서 흥미를 느끼고 이벤트 행사나 가슴 떨리는 모험과 도전을 추구하면서 새로운 것에 길들어져 간다. 의식주뿐 아니라 문화도 동서양의 전통이 섞인 퓨전화를 지향하면서 이것과 저것이 섞이고 내 것과 네 것이 보태지면서 생각도 들쑥날쑥 섞여가고 있다. 자기중심적인 삶이 아니라 물질문명에 동화되어 일시적이고 단편적인 삶에 만족한다고 할까.

한자리에서 시장을 볼 수 있다는 편리함 때문에 대형 할인점을 즐겨 찾고 간장 된장뿐 아니라 김치를 사다 먹으니 반찬가게가 성황을 이룬다. 커피만 팔던 찻집에서 빵을 함께 판매하는 카페도 늘고 있다. 맥도날드 집에 가보면 남녀노소 모두 섞여 햄버거, 핫도그 등 퓨전 음식을 즐긴다. 음식도 세계화가 되다 보니 중국, 일본, 월남, 이태리, 인도, 태국음식점이 늘어간다. 사람들은 그렇게 새로운 것과 편리한 것에 익숙해져 가고 있다.

한때 미투 운동이 일고 나자 나이 든 남성들은 세상이 삭막해져 간다고 투덜대었다. 이제는 성희롱만 가지고도 남성에게 올가미를 씌우는 세상이 되었다. 여차하면 발목 잡힐 빌미로 남성들은 운신의 폭이 좁아져서 기를 못 펴고 살게 되었다. 예전처럼 밤늦도록 골목길 누비며 술집을 전전하던 시절은 물 건너갔고 낭만도 배짱도 사라진 세대들은 쓸쓸함을 휴대전화와 카톡에 정력을 쏟으며 세월을 보내고 있다. 그렇다고는 해도 쏟아지는 정보나 홍보물에 취해 창의적이고 본질적인 자아를 상실해서는 안 될 것이다.

오히려 혼돈된 사고 속에서 갈팡질팡하다 보면 제자리걸음을 하게 되고 많은 시간을 허비하게 된다. 정의와 불의, 보수와 진보, 거짓과 진실이 혼재된 세상이라고 해도 인생은 두 번 다시 오지 않으니 스스로 보람을 찾아 살아야 하지 않을까. 지향할 목표가 뚜렷하고 자기주장이 강하면 혼탁해지는 세상에 의식 없이 자동으로 편승하지는 않을 것이다. 삶의 방향을 잃지 않고 열심히 살다 보면 무언가 노력한 흔적이 남게 될 것이다.

미래는 예측할 수 없는 급류의 시대가 온다고 했다. 4차 산업 시대에는 현재 있는 직업 대부분이 사라지고 새로운 직종이 늘어난다고 한다. 사람의 힘으로 할 수 있는 일을 로봇이 대신해 주고 무인 자동차 시대가 온다니 그것을 능가하는 지식과 정보를 취해야 할 것은 뻔하지 않은가. 결국, 살아남기 위해서는 급류의 시대를 정복할 지혜를 찾든지 아니면 세태의 흐름에 따라 새로운 변화에 익숙해지던지 둘 중 하나를 선택해야 할 것이다.

더러는 새 시대, 진보적인 성향의 구성원에 끼려다 보니 머리가 깨질 것 같아서 늙어가는 몸 적응하기도 어려운데 제자리에서 청맹과니처럼 사는 게 낫지 않을까 폐쇄적인 생각을 하는 사람도 있다. 그런 사람은 자신만의 외곬 삶을 살게 되어서 앞으로 다가올 변화의 세상이 두렵고 무서울 것이다. 그래도 새로운 시대에 뒷방 늙은이가 되지 않으려면 시간의 변화를 받아들이려는 기본적인 노력은 해야 하지 않을까 싶다.

카톡을 보내주던 지인도 주변 사람들이 낙오될까 봐 염려되어 열심히 먹이를 물어다 주었을지 모른다. 그 바탕에는 나를 생각해 주는 측은지심이 깃들어 있었다는 것을 감사하게 생각했다.

- 「시간의 변화」 전문

시간의 변화는 세월의 흐름처럼 우리 인간 생활에 지대한 영향을 주고 있다.

산업혁명시대 기계화의 출현으로 생활 형태가 급속히 변화했다.

혼자 직조하던 물레가 면직 기계로 대량생산하고, 인력거, 가마는 자동차 출현을 보고, 우마차는 기차로 조그만 배는 화물선으로 대량

수송 시대로 이끌어 천지개벽을 이뤘다. 오늘날 4차원 시대, AI 출현으로 정보화 시대에 살고 있는 우리는 수많은 정보가 홍수처럼 밀려와 그에 적응하며 사느라 골머리, 몸살을 앓고 있다.

그"예"로 카카오톡을 통한 신속한 정보의 접근은 상대편을 배려, 응대하려는 심적 부담에 못 견뎌서 스스로 거절, 톡에서 탈퇴하는 현상이 비일비재하게 일어나는 현상이 오늘날의 생활 모습이다. 그 좋은 정보를 마다하는 사람은 시대의 흐름에 뒤처지게 되어있다. 함께 어울리며 공유하고 정을 나누며 사는 것이 인간 본연의 생활이며 묘미 아닌가 생각한다. 정보의 홍수 시대에 슬기롭게 대처하며 시대의 조류에 따라 살아가야 하지 않나 생각한다.

(3). 작은 것들이 주는 행복

반원을 그린 해변이 아름다웠다. 〈은모래비치〉는 울창한 송림에 둘러싸인 반달 모양의 백사장이었다. 지도를 펼치니 내 눈을 유인하던 남쪽 바다가 코앞에 있었다. 백수인 어머니가 그리도 가고 싶어 하던 남해에 도착했는데 모든 관광지가 문을 닫는 월요일을 짐작하지 못하고 먼 길을 달려왔으니 쪽빛에 발을 담그는 것도 좋을 것 같았다. 어머니는 벌써 바지를 걷어 올리고 맨발로 하염없이 모래사장을 걸으셨다. 나와 동생도 그 뒤를 따랐다.

포효하듯 파도치는 소리가 조용한 오후의 침묵을 깨뜨렸다. 늦가을 햇빛이 쏟아지는 해변이었다. 낯선 이방인을 맞은 남해는 적당한 운율로 찌들었던 나그네의 가슴을 씻어 주었다. 물빛은 거울같이 맑았다. 싸르르 흐르는 물속에서 일 원짜리 동전만 한 조개껍데기가 수없이 떠 밀려오고 떠밀려갔다. 아흔아홉 구비의 힘든 세월을 버텨 오신 어머니는 어린애처럼 그 모래톱에 쓸려온 조개껍데기를 줍고 계셨다. 무료한 시간 속에 끼어든 놀이처럼 우리도 또랑또랑한 놈들을 골라 각자 손바닥 위에 수북하게 올렸다. 벗어놓은 신발들이 저만큼 눈뜨고 기다려도 아랑곳하지 않았다. 30분이 지나고 한 시간이 지나서였을까. 동생이 허리를 펴고 소리를 질렀다.

"엄마! 예쁜 거 많이 주었어요? 어디 어떤 게 제일 마음에 드세요"
"난 이게 예쁘다. 이것도 예쁘고...."

손바닥을 펼쳐 보이며 보석 같은 껍질을 살펴보는 모녀를 나는 먼발치에서 바라보았다. 어머니는 또다시 걸어가며 허리를 굽히신다. '언니, 이렇게 아름다운 날 왜 자꾸 눈물이 나는지 모르겠어.' 동생의 귓속말이 가슴을 아프게 찔렀다. 어머니는 몇 해 전부터 남해를 여행하고 싶어 하셨다. 그 간절함을 이루지 못하고 돌아가시면 우리 가슴에 못이 박힐 것 같아서 이번엔 무조건 집을 나섰다. 진주의 유등축제, 사천의 바다 케이블카를 타고 남해로 왔건만 한적하게 바닷가를 거닐 시간이 주어지리라곤 예측 못 했던 일이다.

어머니에게는 사라져가는 것들을 소중하게 여기는 애틋함이 있었다. 어디에서건 당신이 스쳐 간 자리에서 흩어지는 것들에 내해 애정을 쏟고 챙기셨다. 창원 솔밭에서도 바람에 날리는 솔방울을 주우며 "예쁘지 않니? 너도 주우렴." 하시며 쓸 곳이 있다는 듯 비닐봉지에 담으셨다. 어머니 방 장식장에는 작은 마스코트들이 즐비하지만 조그만 돌들도 그만큼 쌓여있다. 이것은 금산사에서 주워온 것, 저것은 강화도에서 주운 것, 돌에 새긴 글씨를 보며 지난날을 회상하셨다. 당신도 언젠가는 그들처럼 버려지리라 생각하는지 가랑잎처럼 마른 손으로 텅 빈 시간의 껍질을 금싸라기처럼 모으며 아름다웠던 날들을 더듬곤 하셨다.

어머니에겐 젊어서부터 소소한 취미가 있었다. 백수의 소녀로 묵힌 나이테가 쌓여있다. 표주박에다 손수 그림을 그린 뒤 니스 칠을 하여 화장대 위에 매듭으로 걸어 놓고 복지원에서 만든 종이꽃도 담뿍 꽂아놓았다, 초파일 재료를 얻어 만든 연등, 화분 둘레를 장식한 솔방울들, 납작돌에 손수 그려 넣은 호돌이와 호순이, 용 그림처럼 쓴 글자와 호랑이 그림을 걸어놓고 혼자만의 세계를 즐기셨다. 마치 값진 보석이라도 되는 양 그것들을 늘 쓰다듬고 매만지는 즐거움을 누리셨다.

어느 날은 작은 쟁반에 물을 담고 큼직한 돌을 주어다가 이끼를 붙이고 난을 심어 석부작을 만드셨다. 돈 들이지 않고도 자연물을 이용해서 정성을 쏟아 만든 작품에 만족하셨다. 남들이 보기엔 별로 탐탁지 않아 보여도 어머니는 그 작품을 만들며 동화 속을 거닐곤 하셨다. 지금도 꽃을 좋아하고 조그만 일에도 감탄하는 것을 보면 장수의 비결이 거기에 있는듯하다.

버려지는 것들에 대한 동경은 생명의 소중함을 아는 때문이리라. 가난을 이겨내는 비결은 상대적 빈곤감을 털어버리는 일이어서 누구도 침범하지 못할 어머니만의 시간을 만드셨다. 그래서인지 늘 욕심을 버리고 주어진 환경에 적응하며 사셨다.

값비싼 보물을 가지고 있어도 귀한 줄 모르면 마음이 척박해지듯 분수에 맞게 사는 것이 행복이라고 가난을 수용하며 부자로 사신듯하다.

예사로운 물건도 생각에 따라 가치가 커질 수 있고 감해질 수 있다는 걸 아셨던 때문인지 살아있을 때 즐거움을 주고 그 의미를 새롭게 다져 준다면 작은 돌멩이 하나, 나무 열매 하나도 귀한 보물이 될 수 있다는 걸 우리에게도 가르쳐 주셨다.

간간이 들려오는 파도 소리는 엄마를 부르는 아이처럼 칭얼거렸다. 여름 한철 쉴 틈 없이 해수욕장을 넘나들던 인파가 사라지고 조용한 늦가을의 정취가 은모래비치로 밀려들었다. 어쩌면 모든 관광지가 문을 닫아 버려서 세 모녀가 한가한 날에 아름다운 추억을 쌓을 수 있었을지 모른다. 백수인 어머니는 열심히 주운 조개껍데기를 손수건에 싸서 가방에 넣으셨다. 우리도 수확한 보물을 질세라 주머니 속에 챙겼다. 나는 훗날 어머니가 세상을 떠나신다 해도 그 조개껍데기를 보면서 보석같은 추억을 떠올릴 수 있고 은모래비치를 울리던 파도 소리와 푸른 바다 빛깔이 오래오래 영롱하게 남을 것이라 믿었다.

- 「작은 것들이 주는 행복」 전문

반원을 그린 해변이 아름다웠다. 은모래비치는 울창한 송림에 둘러싸인 반달 모양의 백사장이었다. 작은 것에 의미가 부여되면 모두가 소중한 보물처럼 느껴진다. 오랜만에 푸른 바다가 넘실대는 백사장에서 모녀간에 아름다운 추억을 심었다.

바다에 널린 조개껍질, 작은 돌에도 숨겨진 역사가 있어 예사롭게 그냥 넘길 일이 아니다. 이렇게 좋은 날 모녀의 즐거운 나들이는 모두의 가슴에 즐겁고 행복이 넘치는 날이다. 동생이 허리를 펴고 소리를 질렀다.

"엄마! 예쁜 거 많이 주었어요? 어디 어떤 게 제일 마음에 드세요."

"난 이게 예쁘다. 이것도 예쁘고.. 손바닥을 펼쳐 보이며 보석 같은 껍질을 살펴보는 모녀를 먼발치에서 바라보았다. '언니, 이렇게 아름다운 날 왜 자꾸 눈물이 나는지 모르겠어.'라고 하는 동생의 귓속말이 가슴을 아프게 찔렀다.

원래 마음을 비우면 무한한 생명력, 우주의 기가 들어와 우리의 삶을 평안하고 풍요롭게 만든다. 과유불급過猶不及이라는 말이 있다. 분수에 넘치는 욕심은 화를 자초하고 모든 인간사의 불행 시초가 된다. 그런 면을 들여다보면 어머님은 순백색의 청량한 순수성이 정신세계를 이루고 있다. 마음이 착하신 분은 영혼에 대한 사유도 남다르게 다가온다. 그래서 무병장수하고 계신다. 오래오래 장수하시기를 기원합니다.

마. 消湖 박종숙의 수필세계

박종숙의 수필세계는 매사에 세세하고 다정다감해 느끼는 감정이 남다르게 다가와 따뜻한 봄바람처럼 훈훈하게 불어온다.

자연스럽게 평범한 일상에서 체험하는 자연과 사물, 인간생활의 세세한 면까지 심오한 경지로 파고들어 심연의 모습이 뛰어난 글 솜씨로 표현하는 재주가 남다르게 다가와 독자로 하여금 잔잔한 감동을 준다. 앞으로 문운이 들어 대성하기를 바란다.

9

인간사에 積極的, 肯定的 思考와 슬기로운 智慧로 바른 세상의 지평을 열다

秋谷 이영달, 수필 「거머리」, 「금선암과 글」, 「젓가락」 수필론

9
인간사에 積極的, 肯定的 思考와
슬기로운 智慧로 바른 세상의 지평을 열다

秋谷 이영달, 수필 「거머리」, 「금선암과 글」, 「젓가락」 수필론

가. 수필은 산문형 문학이 기초를 이룬다.

  수필은 대표적인 산문문학에 속한다. 산문은 조절과 보완 과정을 거쳐서 운율韻律을 가진 산문이 운문보다 먼저 문장 형태로 발전했다고 주장한다. 그러나 글자가 없던 고대 시대에 하늘의 은혜에 감사한 마음을 담아 제사 지낼 때 가무의 주문 형식인 운율이 먼저 생겼다고 강조, 주장하나 기본은 산문 형식에서 출발했다고 생각한다.

나. 한국문학의 세계화를 위해서는 다양한 콘텐츠 Contents 개발이 중요하다

  서구 사람들의 호기심, 학술적 연구, 관심에 의해서 시작한 한국문학 번역, 출판은 서기 1960년대까지 고전문학인 민담과 설화집을 중심으로 출간되었으나 서기 1970년 대 이후에 들어서 현대문학을 다루며 계속 영역을 넓혀가고 있다.

  세계 문학의 주류를 이르는 서양 문학 이론을 수용하고, 우리 한국문학의 고유한 특수성을 특화해 더욱 발전시켜야 한다. 그러기 위해서는 새로운 세계문학의 트렌드에 적용, 응용해 세계인의 취향과 선호하

는 조류에 편승해서 발전이 이뤄져야 한다고 생각한다.

근세에 들어 k-컬처의 다양한 콘텐츠 Contents를 뒷받침해 주는 번역가의 역할이 한국 문학세계에 지대한 영향을 미치고 있다.

2000년 중반 이래 한류 Korean Wave가 주류를 이르는 K-컬처는 한국 문화콘텐츠 전반을 일컫는 용어이다. 여기에는 대중문화, 생활방식, 가치관 등 한국적인 모든 것을 포함하는 내용을 포함하고 있다.

대중문화에는 K-팝, K-드라마, K-영화, K-예능, K-웹툰을 포함하고, 전통문화로는 K-푸드, 한복, 한글, 전통건축양식(기와지붕, 온돌식난방) 등이 있다.

현대 라이프 스타일에 편승해서 K-뷰티, K-패션 등 다양하고 광범위한 방향으로 영역을 넓혀 나가고 있다.

k-컬처는 한국에만 국한되는 것이 아니라 세계로 뻗어나가 국가 이미지와 경제적 효과, 소프트 파워 강화 등 한국의 위상을 높이는 데도 중요한 역할을 하고 있다.

한국 문화의 다양한 콘텐츠가 전방위적으로 전 세계에 확산 전파되고 있어 고무적이다. 이러한 한류의 확산과 지속가능성의 근원은 예술문화의 핵심이며 이해를 돕는 다양한 수준의 높은 콘텐츠에 인간의 체험, 삶과 사유의 가치를 잘 담아내 전파하고 있기 때문이다.

근세에 들어 한류는 일시적인 현상이 아니라 세계 문화사의 새로운 패러다임으로 자리 잡아가고 있다. 한류를 넘어 세계 문화사의 지형을 재편하는 지속 가능한 한류의 해법은 글로벌 K-컬처의 확장적인 다양한 콘텐츠 Content를 지속적으로 개발해 확장해야 한다.

다. 노벨문학상을 위한 한국문학의 번역원 탄생을 적극 권장 지원한다.
 한국문학의 세계화를 위해서는 외국어 번역의 능력과 기능의 역할이 주요한 자리를 차지한다. 그동안 한국문학의 세계화, 해외 소개의 취약성과 노벨문학상을 받지 못한 이유 중에 제일 중요한 장애물은 번역 문제가 가로막고 있었다고 생각한다.
 서기 2001년 한국문학번역원이 개설된 이래 서기 2014년 이후 해외에서 출판한 한국 문학작품은 연연세세로 계속 늘어가고 있다.
 그에 힘입어 2011년 신경숙의 영문판 장편소설 『Please Look After Mom 엄마를 부탁해』 맨 아시아 문학상 수상과 베스트셀러 반열 순위에 올랐다.
 한강 작가는 노벨상 수상 이전에 2016년 영역판 『The Vegetarian 채식주의자』 부커상 인터내셔널부문을 수상했다, 그 외도 해외에서 수상한 작가가 많다.
 실 "예"로 2024년 10월 10일 한강의 노벨문학상 수상자 선정 소식의 계기로 한국문학의 한류에도 세계인의 주목과 관심을 받기 시작했다.
 한국문학의 해외 진출을 위해서는 플랫폼(Korean Literature WAVE) 구축과 운영, 번역대학원 대학교 개설, 원어민 중심의 전문 번역가 양성, 한국예술문화콘텐츠 지원범위 확충, 한국문학 해외 소개 전략 수립과 시행, 한국문학 발전 방향을 모색해 강력히 추진해야 한다고 생각한다.
 한국문학의 세계화를 위해서는 세계 여러 나라 언어의 번역 능력 향상을 위해서 국. 내외에 거주하며 한국인의 생활 풍습, 관습과 사고방식을 잘 아는 유능한 번역가와의 직접적인 접촉, 유대 강화가 무엇보다 중요하다.

라. 秋谷 이영달 작가는 경남 사천 출신이다. 매사에 적극적이고 솔선수범하는 수필가는 인생여정의 어렵고 힘든 일상과 수행 과정을 슬기롭게 헤쳐 나가는 지혜와 능력을 겸비하고 있다. 그녀의 적극적인 성격은 경상도 특유의 남다른 독특한 일면이 내재해 있다. 인생을 살아오면서 어렵고 험한 길도 스스로 개척하며 앞을 밝히며 살아가는 횃불과 같은 선구자로서 매사에 적극적이며 능동적인 그녀의 성격은 모든 이에게 잔잔한 감동을 주고 있어 성원과 격려를 보낸다.

이영달 작가의 수필 세계는 그녀만의 독특한 생활 태도와 관습에서 우러나오는 신솔한 내면을 글로 사심 없이 풀어나가 모든 이의 가슴에 잔잔한 감동을 주는 독특한 일면이 내재되어 있다.

경상국립대학원 산림자원학과 석사, 사천문학회장 역임, 진주수필문학회원, 한국문인협회원, 국제펜한국본부 회원이다.

국제 라이온스클럽 05~06 백로 라이온스 회장 역임. (사)한국차인연합회 50년사 편집위원, 에세이포레 작품상, 한국문화선양 문학상, (사)세계평화실천운동본부 사회봉사상, 대한민국 문화예술명인대전 봉사부문 명인상을 수상했다.

수필집 『색동고무신』을 상재했다.

마. 秋谷 이영달 작가의 수필세계

　솔직 담백하리만치 가슴속으로 파고드는 진실성이 많은 독사에게 감동을 주고 있다. 수필가 이영달 수필에 무엇을 담아내는지 「거머리」, 「금선암과 글」, 「젓가락」 수필론을 하고자 한다.

(1). 거머리

거머리 하면 이름만 들어도 소름이 돋고 온 몸에 피가 거꾸로 솟는 것 같다.

거머리는 사람이나 동물의 피를 빨아먹고 사는 놈인데 새물보다 고인 물을 좋아 하는지 반찬을 준비하다보면 미나리에 심심찮게 볼 수 있다. "이놈이 우리 아버지 피를 빨아먹던 놈이다"는 걸 내 기억에 지워버릴 수 없는 존재가 되었다. 모내기철이 되면 물 논에 일을 하고 집에 오실 때는 아버지 다리에 거머리가 안 붙어 오는 적이 별로 없었다.

그것도 한꺼번에 서 너 마리, 네 댓 마리를 근육질이 단단한 장딴지에서 보통으로 떼어주며 '거머리한테 물려도 일만하는 미련한 곰탱이 같은 아버지……'

나는 결혼을 동지섣달 설 대목 앞에 했다.

시집가는 날 아침이 되었다. 땅거미 내려앉듯 날씨가 뿌옜다. 잔치 집에 떡국 끓이는 사람들은 시집오는 날 눈이 내리면 부자로 산다며 곱은 손을 후후 불었다. 눈보다 매서운 바늘 바람에 살갗이 아렸다. 시베리아 같은 겨울이 지나가고 개구리 소리 요란한 봄이 찾아왔다.

연례행사처럼 아침이 되면 마을회관에서 이장님의 목소리가 들린다. 소나무에 달려있는 스피크에서 여느 날과 다름없이 동네에 일어나는 소식을 알린다.

"동민여러분 오늘부터 OOO씨 집모를 심게 되었습니다. 부녀자여러분께서는 한분도 빠짐없이 공동모심기에 참여해 주시기 바랍니다." 모일

곳은 월성 지내마을 못 둑이라 한다. 아니 지금이 어느 시댄데 듣지도 보지도 못한 공동모를 심으로 나오라고 할까? 피식 웃음이 나왔다. 시댁과 친정집은 개천을 사이에 두고 바로옆 동네이다. 그런데 이렇게 다를 수가 있을까? 하긴 아직 전기도 들어오지 않는 곳이 있다는 것을 알지 못 했던 것이다. 그것뿐 아니라 살아갈수록 닥치는 일들은 새로운 것들이니……

논을 가지고 있는 사람은 논을 다리고 모심을 준비가 되면 동네 이장님께 모판과 논의 번지와 몇 마지기인지 알려 준다. 접수받는 차례대로 이장님은 사람들을 모아 모를 심어주는 것이다. 모를 심을 줄 아는 사람이 많이 나오고, 잘 심는 사람이라 해서 하루일이 빨리 끝나는 게 아니었다. 일을 시작하는 시간과 끝나는 시간은 8시로 정해져 있었다. 그중 점심시간 1시간과 중찬시간 오전과 오후 1시간 제외하면 하루 10시간 무논에 엎드려 기어 다니는 것이다.

집에 돈이라고 나올 곳이 없는 나는 돈 벌고 싶었다. 하지만 심한 입덧에 먹는걸 도통 못 먹고 있는데, '부녀자는 한 사람도 빠짐없이 나오라 하니.' 먼 곳으로 모를 심으러 가게 되면 어른들의 점심 차려 드리러 올 시간이 될까 망설이고 있었다.

그때 이장님이 집에 찾아 오셨다. '○○마누라는 왜 안 나오느냐?' 재촉하자 "모심을 줄 몰라서……." 이장은 신랑 말은 듣지도 않고 "태어날 때부터 모심기 배워 나온 사람 없다"며 막무간에 나와야된다고 한다. 나는 급하게 불려나와서가 아니라 시집와서 모심으러 다닐 생각은 해보지 않았기 때문에 아무것도 준비되지 않았다. 못 둑 노송 밑에 서있는 모군들은 무장을 단단히 해왔다. 사람들은 나를 보자 "새댁 어떡하려고?" 할 때까지 별일 있으랴 생각을 했던 것이다. 철없는 새댁에게는 날씨조차 모질었다. 비가 내리지 않은 모판은 마당에 잔디를 보는 듯 했다. 처음모 심기를 나선 날 맨손으로 지독스럽게 질긴 모를 쪄게 될지 몰랐던 것이다. 사람들은 장갑을 끼고도 모 쪄내기가 힘들다며 못 줄잡이에게 삽으로 떠내 주라 했다. 한 삽 씩 떠 내놓은 것은 대뿌리가 엉켜있듯 질기고 모질었다. 물이 없는 논바닥에 쪼그리고 앉아 뿌리를 뜯어내기도 하고 모를 쪄서 모춤을 묶었다. 손바닥은 홍당무처럼 빨갛게 달아올랐다. 불이 엉기는 듯하여 손을 펴보니 피가 삐죽삐죽 새어나왔다. 나는 사람들 보지 않게 논둑 풀에다 손을 썩썩 문질러 닦아냈다. 그리고는 논에 들어서 모를 심기 시작하였다. 몇 뼘 쯤 심었을까? 사람들은 모를 심다말고 일제히 내 다리를 쳐다보았다. "새댁 다리에 거머리" 심장이 멎는 듯 어찌해야 할지 엄두가 나지 않았다.

거머리 떼들이 새물 만났다는 듯 앵겨 붙었고 바람에 깃발 날리 듯 몸뚱이를 팔랑이며 다리로 오는 놈도 있었다. 소름 끼치고 섬뜩해서 그 날은 모를 어떻게 심고 나왔는지 어떻게 일을 마쳤는지 생각이 없고 물논에 주저 앉아 그저 울고 싶었다.

보리를 심었던 논은 그나마 조금 낫지만 비어있던 논은 물을 담아두어 거머리를 키우는 양어장 같았다. 거머리 땜에 일을 중단하겠다 말은 못했다. 내 다리는 어디가고 갯벌에 박힌 물먹은 말뚝 같았다. 이건 몇 마리가 아니었다. 몇 십 마리 아니 셀 수가 없었다. 거머리는 떼어내어야 하고 못줄은 넘어가고, 진흙 속에 밖 흰 다리는 빠지지 않고 한도가 세어 손에 든 모춤을 옆에 두고 손으로 다리 한 개씩 뽑아 내지 않으면 다리가 빠지지 않았다. 그래도 나는 내 자리를 지키려 애를 쓰고 있었다. 마침 중찬 때가 나를 살리는 것 같았다.

중찬은 촌국수나 팥 칼국수, 들깨로 쑨 토란국을 박 바가지에 담아 주는 친정마을과는 달랐다. 말라붙은 빵 한 개씩이었다. 그럴 수밖에 없는 게 공동모의 특징은 모심는 집의 안주인도 모군이 되어 모를 같이 심기 때문이었다.

거머리 물린 자린 가렵기조차 한데 거머리는 물은 자리를 사정없이 물고 또 물고한다.

한집 논이 다 심기면 다른 집 논은 반도가리의 일이 되어도 시간에 맞춘다.

다리는 검은 학생용 스타킹을 신고 모자를 쓰고 토시를 끼고 나일론 장갑은 손에 빠지지 않게 팔목위에다 고무줄을 채운다. 그러고 나서는 거머리 겁을 내지 않아도 되었지만 언젠가 장화처럼 생긴 허벅지까지 오는 부드러운 노란 물신이 나왔다.

어른들이 안 계시면 밥이고 뭐고 들판에 벌렁 누워 다문 한 시간이나마 쉬고 싶은데……. 논에 손을 빼기가 바쁘게 집으로 간다. 하루 중에 새댁 손을 기다리며 즐거워하는 사람은 시할머니였다. "할머니, 빵드세요." 아이 같았다. 우리 동네 모가 끝나면 이웃동네도 심으러 다니다보면 두 달 정도 되어야 모내기가 끝이 난다. 모내기가 끝난다니 시할머니는 제일 섭섭해 하셨다.

모꾼들이 심어 놓은 들판에 모가 탁근을 하고 있을 때였다. 이장님이

방송을 하신다. "모심기에 참여하신 분은 못 삯을 받으러 오라" 한다. 나는 가족이 반대하는 결혼을 하게 되어 빈손으로 시집을 올 수 밖에 없었다. 그동안 필요한 용품이 많이 생겨도 못 삯 받아 사려고 기다리고 있었던 것이다. 마을회관으로 갔다. 이장님 말씀이 '못 삯을 벌써 찾아갔다'는 것이다. 배가 태산 같은 나는 입덧에 몸무게가 15kg이 빠진 몸으로, 골목 담장을 지팡이 삼아 짚고 내려오며 '모심은 날짜는 빠트리지 않고 맞게 받았을까?' 얼마를 받았는지, 언제 찾아 갔는지 알려라 주고 찾아 써도 좋으련만……

맥 빠진 걸음으로 터벅터벅 마을 회관을 내려오며 나는 친정아버지가 생각이 났다. 10식구 먹여 살리느라 다리에 거머리가 물어도 모르고 일하시는 아버지. "아버지 거머리" 언니나 오빠들이 양쪽다리에 붙어 떼어낸다. 떨어지지 않는 놈을 억지로 떼려고 하면 고무줄처럼 늘어져도 입을 놓지 않는다. 입이 한 개만 있는 것이 아니었다. 반대쪽 몸 끝에 또 하나의 더 큰 입이 있었다. 몇 줄기의 세로금이 있는 것이 어두운 배에 욕심대로 배를 채운 놈은 떼어내기도 전에 떨어져 메주 콩 낱처럼 떼구르르 저절로 나뒹굴어 진다. 마당에 흙고물을 묻힌다. 그리고는 몸을 사린 다음 어디로 기어간다.

- 「거머리」 전문

모내기 철 아버지 장딴지에 거머리를 떼어주며 '거머리한테 물려도 일만 하는 미련한 곰탱이 같은 아버지, 라고 속상해 안타까워 하소연하는 심정은 모두의 가슴에 애처로운 감동을 안겨준다. 때는 1950년

~1970년대 동네 사람이 모심기를 도와주던 시절이다. 일거리가 많은 농촌에서 서로 품앗이로 농촌 일을 해결한다. 여기 이장은 동네논을 전부 맡아 모심기, 일 처리 하는 이장으로서 집에 찾아와, 인부로 나올 것을 재촉하자 갓 결혼해 임신한 새댁이 끌려가며 어른들의 점심을 생각하는 효심과 불같은 땡볕에 허리굽 펴 모내기하기란 쉽지 않은 환경이었다. 어른들이 안 계시면 밥이고 뭐고 들판에 누워 한 시간이나마 쉬고 싶은데……. 논에서 손 빼기가 바쁘게 귀가한다. 하루 중에 새댁 손을 기다리며 즐거워하는 사람은 시할머니이었다. 중참 시 남은 빵을 가져와. "할머니, 빵 드세요." 하면 아이같이 제일 좋아했다. 이제 모심기가 끝나간다는 말에 제일 섭섭하게 생각하는 분은 시할머니이었다.

이장이 못 삯 받으러 오라는 방송을 듣고서 '마을회관에 갔으나 '못 삯을 벌써 찾아갔다'는 이장의 말에 실망해 골목 담장 따라 지팡이 삼아 집고 내려오며 '모심은 날짜는 빠트리지 않고 맞게 받았을까?' 얼마를 받았는지, 언제 찾아갔는지 알려나 주고 찾아 써도 좋으련만 하고 한숨을 내쉬며 외래 궁금해 허탈해하는 모습이 그림처럼 펼쳐져 뭇사람의 가슴에 잔잔한 감동을 주고 있다.

(2). 금선암과 글

오랫동안 운영하던 가게를 그만두고 쉬고 있을 때였다.

시내를 둘러보며 무슨 다른 장사라도 해볼까? 두리번거리고 있을 때 오래전에 만났던 친구가 절에 간다며 함께 가자고 했다. 부처님도 하느님도 믿음은 없지만 어느 한 쪽을 선택하라고 강요하는 사람에게는 본인이 원하지 않는 쪽으로 가겠냐고 묻고 싶어질 때가 간혹 있다. 그날은 그래도 친구를 따라 절에 갔다.

절은 시내에서 그리 멀지 않은 곳에 있었다. 스님을 찾아뵙는데 흔히 볼 수 있는 스님이 아니었다. 몸도 제대로 가누지 못하는 장애를 가지고 계셨다. 어떡하다가 장애가 생겼는지 어떻게 불편하게 되었는지 나는 그게 더 궁금했고 장애를 가지고 스님이 되셨다는 게 의아했다. 신도들이 스님을 잘 따르는 것을 보면 불자들이 훌륭한 분들이라 느껴졌다. 사대육신 멀쩡한 종교 지도자들도 자기욕심을 채우거나 아니면 힘 있고 돈 있는 신도들의 목소리로 지도자를 몰아세우는 곳도 있지 않은가.

친구는 내가 걱정스러웠는지 스님께 우리 친구가 가게를 하다가 쉬고 있는데 앞으로 무엇을 하면 좋을지 좀 봐 주라고 했다.

스님은 화난 음성으로 "내가 남의 앞날 보는 사람이가? 모른다." 라고 단호하게 말씀하셨다. 끈질긴 친구의 성화에 점심 공양을 마친 후 스님은 차 한잔하자고 하시더니 차를 마시는 자리에서 말씀을 꺼내셨다. "할 것은 한 가지밖에 없다." 내 생각에 나는 아직 젊고 살아갈 날이 까마득한데 수없이 많은 일자리가 있을 텐데 한 가지 밖에 할 게 없다니…. 친구가 조심스럽게 "스님, 한가지라면?" 스님은 강하게 대답을 하신다. '내가 말해줘도 듣지도 않을 거면서…. 뜸을 드리고 계시던 스님은 친구의 성화에 마지못해 말씀을 하셨.

"글 쓸 것만 남았다." 우리친구 돈 벌 것 있는가 보시라고 했더니 ….

예? 나는 더 놀란 표정으로 스님을 봐라 봤다.

"글 쓸 것밖에 없다니까.." 못 들었을까봐 단호하게 말씀하시는 스님을 보며 조심스럽게 스님! 저는 편지 한 장도 안 써 봤습니다. 그리고 일기도 안 쓰고, 우리 때 그 흔한 위문편지 한 장 써 본적이 없는 제가 무슨 글을? 그러자 스님은 친구를 보며 "000 시인 알아!" 친구가 대답을 하자 생전 보지도 못한 000 시인에게 친구를 소개시켜 줘라 하신다. 친구는 더 이상 이유를 붙일 상황이 아닌지 기어 들어가는 목소리로 대답만 한다.

친구와 나는 절에서 내려오고 그 후로 친구와 나는 연락도 하지 않고 지냈다.

마땅한 일거리를 찾지 못하자 나 같은 사람이 글을 쓰면 대한민국 사람은 글 안 쓸 사람이 없겠다는 생각이 종종 들었다. 그러다가도 글을 쓰지 않을 거면 생각조차 하지 말아야지... 하면서도 간간이 스님 말씀이 떠오를 때가 있었다.

그 일이 있고, 몇 년 후 지하상가를 걷다가 어느 옷가게에서 아는 언니가 옷을 고르고 있었다. 오랜만에 만나는 반가움에 인사를 했다. 그 언니는 나를 옷가게에 들어오라 하더니 평소에 너를 보니 글을 쓰면 되겠더라. 이집 주인이 글을 쓰는데 같이 공부하라면서 인사를 시켜 주는 게 아닌가.

나는 뜻밖의 말에 의아해 하면서도 오래전에 스님이 하신 말씀이 떠올라 어디서 공부하는지 물었다. 수요일에 예술회관 4층에서 가르침을 받는단다. 그래서 그날 당장 글공부를 한다는 그곳에 따라갔다.

수필 선생님은 연세는 들어보였지만 강의를 들어보니 여느 곳에서 듣던 강의보다 좋았다. 지금 배우지 않으면 후회할 것 같았다. 뼈에 살집도 얼마 붙어 있지 않은 수필 선생님을 보니 너무 약해서 얼마 살지 못할 것 같다는 생각이 들었고 돌아가시기 전에 어서 배워야지! 하는 각오가 섰다.

생각해 보니 내가 편지를 써 본 적이 세 번 있었다. 중학교 들어가기 전이었지 싶다. 우리 집 뒤쪽에 사는 '새첩'이라는 친구는 가정형편이 안 좋아 초등학교 5학년 때 부산으로 남의 집에 보내졌는데 나에게 편지를 보내왔다. 동생의 이름을 따서 상만이 아버지 억만이라고 동네 애들이 놀리는 것을 친구가 얼핏 들었든지 상세한 주소는 아니었지만 동네까지만 썼고 우리 아버지 이름도 아닌데 시골동네라 그런지 우체부 아저씨는 우리 아버지 이름을 연상했던지 다행히 친구의 편지는 내손으로 들어왔다.

나는 생각지도 않은 편지에 가슴이 얼마나 벅찼는지 모른다. 편지를 받고 들뜬 마음으로 답장을 썼고 편지를 채 보내지도 않았는데 새첩이 엄마는 부산 가서 새첩이 초상을 치르고 왔다고 했다. 내가 친구에게 쓴 편지는 갈 곳을 잃었고 새첩 고 귀여운 친구의 모습은 그 후에 어디에서도 볼 수 없었다. 부치지 못한 편지인 채로 친구 가족들을 볼 때면 세월이 흘러도 새첩이는 잊혀 지지 않았다.

내 바로 위에 작은언니가 부산에 갔을 때였다. 언니와 나는 친구처럼 지내다가 큰 언니 집에서 학원을 다니겠다고 올라갔다. 내가 편지를 쓰기 시작할 때가 봄이었다. 한참 꿈 많은 소녀시절이 아니던가. 들판이 놀이터였던 시절이라, 보리밭은 물결처럼 일렁거리고 어쩌고저쩌고 앞 문장을 쭉 써내려갔다. 중간과 끝 부분을 마무리 짓지도 않은 채 겨울이 되었고 완성된 편지는 계절이 바뀌어도 언니에게 띄우지 못하고 늘 그때의 그리움은 늘 내 가슴에 남아있다.

초등학교 다닐 때 군인아저씨에게 위문편지를 쓰라고 선생님이 숙제를 내주셨다. 친구 중에 벌써 편지를 다 썼다고 뒤뜰에 가지고 와서 자랑삼아 읽어주던 친구가 있었다. 다른 내용은 기억이 없고 마지막에 "명복을 빕니다." 가 적힌 기막힌 문장이었다, 그 글귀가 돌아가신 분께 쓰는 말이라는 것을 몰랐던 모양이었다.

내가 부끄러워 숨고 싶었다. 저렇게 쓰려면 안 쓰고 말지라는 생각이 들었고 살아있는 사람에게 명복을 빌다니.

지금 생각해 보니 그때의 실수로 그 친구는 분명 글을 쓰는 유명한 작가가 되어있지 않았을까? 나도 실수를 겁내지 않고 그때 숙제로 내준 위문편지를 보냈다면 스님께서 글을 써보라고 말씀하셨을 때 자신감을 가지고 시작해도 늦지 않았을 텐데 …. 내가 글을 쓴다는 자체가 인정이 되지 않았다.

키 작고 못난 사람은 취직도 못하던 시대에 살았고, 학벌로 사람을 평가하는 시대라 내가 언감생심 글을 쓸 엄두도 못 냈다.

그런 내가 누에가 뽕잎을 먹으면 비단실을 만들어 내는 것처럼 수필공부를 하면서 검정고시로 대학교와 대학원을 다니고 수필가라는 명암을 얻게 되었다.

스님이 해주신 말씀 덕분이다. 지난날 글 쓸 일만 남았다고 완곡하게 말씀하셨을 때 허송세월 보내지 않고 바로 시작했어도 몇 년 앞당기지 않았을까?

지금 세상을 떠나신 스님을 잊지 못하고 헛헛하게 하늘을 바라본다.

- 「금선암과 글」 전문

우연한 기회에 스님을 만나 장래 자문을 구한결과 생각지도 못한 '글을 쓸 수밖에 없다니까..' 하는 스님의 말을 조심스럽게 들으며 스님! 저는 편지 한 장도 안 써 봤습니다. 라고 작가는 진솔하게 말했다. 어느 날 가게를 접고 무슨 좋은 일거리가 없는가 하고 찾고 있었다. 글을 안 쓸 거면 생각조차 말아야지 하며 가끔 스님 생각이 났다는 작가는 어느 날 옷 가게 언니의 소언을 안내받아 예술회관 4층에서 매주 수요일 글 가르침을 받게 되어 글 쓰는 길로 들어서게 된 동기가 되었다. 그 이후 글쓰기 공부를 꾸준히 해 검정고시로 대학교와 대학원을 졸업하고 수필가라는 명성을 얻게 되었다. 작가는 스님의 말씀대로 문학 하는 동기가 되었다며 지금은 세상을 떠나신 스님을 잊지 못하고 하늘을 우러러 바라보며 고맙고 감사한 사연을 에둘러 전하고 있어 잔잔한 감동을 주고 있다.

(3). 젓가락

　　뜬눈으로 밤을 새웠다.
　　아침도 굶은 채 친구를 찾아갔다. 나는 남편과 어처구니없이 다투었던 이야기를 하며 절에라도 다녀오고 싶은 심정이라고 했다. 친구는 침구 만드는 일을 하며 20년 넘게 진주시내에 살고 있지만 진주에 있는 산이나 절을 아는 곳이 한곳도 없다고 했다. 청곡사란 절이 있다는 말은 들어봤지만 그게 어느 쪽에 있는지 얼마만큼 먼 곳인지 모른다며 일을 접고 나를 따라 나섰다.
　　남편은 특별한 일이 없이도 기분이 좋으면 좋다고 한잔, 기분이 나쁘면 나쁘다고 한잔, 그 핑계 삼아 날마다 술을 거의 안 마시는 날이 없었다. 세상 술을 마셔 없애려는 사람 같았다. 화나면 술을 마시면 기분이 달라지는 줄 알고 나도 술을 마시고 싶었다. 조그만 유리병에 매실주를 챙겼다. 시장에 가서 사과와 밀감을 샀다. 요즈음은 어느 가게도 비닐봉투가 없는 곳이 없지만 그때는 비닐봉투가 없었는지 종이봉투에 넣어주었다. 버스는 어디서 타야 되며 몇 번이 가는지도 모르고 화가 나니 돈이 아깝다는 생각도 없어져 친구와 택시를 탔다.
　　기사아저씨는 청곡사 주차장이라며 내려주었다. 월아산 기슭 청곡사 절 앞이다. 절로 들어가야 하는지 산으로 가야하는지, 친구와 나는 어정쩡하게 서 있었다. 이럴 줄 알았으면 평소에 절에라도 갔더라면 좋았을 걸. 술을 들고 절에 들어간다는 것은 양심이 시키지 않았다.
　　산으로 밖에 갈수 없지만 어느 쪽으로 올라 가야하는지 길을 알 수 없었다. 다른 사람들이 가는 걸 보고 따라가기로 했다. 먹고 싶지도 않는 물을 수도꼭지에 손바닥으로 받아 마시며 시간을 보내고 있었다. 그 때 전문산악인처럼 등산 가방을 맨 세 아저씨가 왔다. 그 아저씨들도 우리처럼 수도꼭지에서 물을 마시더니 플라스틱 병에 물을 담아 배낭에 넣어 산길을 오르는 것이다. 우리도 아저씨들 뒤따라간다. 산 꿩이 푸드덕 달아가고, 부엉이는 목탁소리에 장단을 맞춘다. 산길은 이리구불 저리구불 가파른 경사, 계단도 오르고 나무숲터널도 지나간다. 조그만 새는 나뭇가지를 옮겨 다니며 인사 하듯 나무를 쪼아댄다. 그때였다. 종이 가방이 내려앉았다. 철벅, 술병이 바닥에 떨어졌다. 병은 박살났고 과일은 산을 떼구르르 굴러 내려간다. 나는 어쩔 줄 몰라 "어머! 어머!" 엉거주춤 섰는데, 뒤를 돌아보던 아저씨들은 얼른 배낭을 벗더니 찰나에 토끼처럼 재빠르게 우거진 나무사이로 달려가 과일을 주웠다. 쇼핑백 바닥이 젖어 처진 것이다. 술이 조금씩 세었던 것이 원인이었다. 주워 온 과일을 우리에게 주려고해도 담을 곳이 없는 걸 알고 자기네 가방에 보관해 주겠다했다. 어디까지 가는지 물었더니, 정상에 가서 돌려주겠다며 안심하고 따라 오라고 했다. 숨이 가프고 땀이 흘렀다. 다리가 아프고 중도 하차 하고 싶은 마음이 굴뚝같았다. 그러나 맡겨 놓은 것이 발목을 잡았다. 나무가 가려져 하늘은 뛰엄 뛰엄 보였다. 앞서간 사람들은 꼬리가 온 데간데없이 사라졌다. 휘돌아 오르는 비탈길은 죽을 맛이었다. '에베레스트를 정복하면 이만큼 힘이 들까?' 한발 한발 닳아 오른 것이었다.

산마루였다.

아저씨들은 점심 먹을 준비를 하고 있는지 야외용 까스랜지에 라면을 삶고 있었다. 두 분은 수저를 들고 앉아 있고, 한 분은 서서 소나무를 잡고 가지를 분지르고 있었다. 아침을 굶은 배는 염체고 뭐고 생각할 여지가 없었다. 우리가 맡겨놓은 것은 뒷전이다.

"아저씨, 우리도 젓가락이 없는데 예!" 나도 모르게 말이 나왔다. 말이 떨어지기도 전에 무뚝뚝하게 "아줌마들 젓가락 만들어요." 작은 가지 두 개 꺾어 자자부레 붙은 잔가지를 쳐 내어 키를 맞추었다. 그리고는 젓가락을 우리에게 내밀었다. 젓가락을 받아들고 모양을 보니 가관이다. 입에 넣으면 상처를 낼 것 같았다. 이런 젓가락 가지고는 먹을 수가 없겠다는 생각을 하면서도 차마 말은 할 수가 없었다. 못난 나뭇가지라도 다듬어 주는 것이 고마웠다. 가지 두 개가 뭔가 맞지 않고 몸은 뒤틀리고 곱사등처럼 생겨도 둘이기에 음식을 집을 수가 있듯이, 미숙한 운전자라고 도로주행을 막을 수 없지 않는가.

라면을 먹고, 과일을 나눠먹은 뒤 친구와 나는 서둘러 산을 내려왔다.

아무리 반듯하고, 둥글고, 미끄럽고, 네모지게 잘 생겨도 하나로는 음식을 집어 먹을 수 가 없듯이 하나하나가 합쳐지는 걸 짝이라 하지 않는가. 짝이 되려면 받들고 맞춰 이해하고 양보가 있어야 하는 것인데……. 하산 때문은 아닐 것이다. 남편과 화해할 생각을 하니 집으로 돌아가는 발걸음이 한결 가벼워졌다.

- 「젓가락」 전문

부부란 사소한 의견 충돌로 자주 다투기도 한다. 허구한 날 술로 보내는 남편을 자제시켰으나 듣지 않아 절에라도 다녀와 기분 전환하려고 절친한 친구와 동행한다. 술을 체험해 보려고 조그만 매실주에 사과, 밀감을 싸서 종이봉투에 넣었다. 청곡사 주차장에 내려 술을 절에 가져갈 수가 없어 산행을 택한다. 등산은 초행이라 가방 멘 세 아저씨 뒤를 따라갔다. 경사진 나무숲 터널을 지날 무렵 술에 젖은 종이 가방이 터지며 과일은 산비 알을 타고 굴러 내려갔다. 그 순간 아저씨들은 수풀 나무 사이로 구르는 과일을 주웠다. 쇼핑백이 터져. 가방에 넣을 수 없어 정상에서 돌려주겠다는 말에 따라나섰다는 작가는 산에서 끓인 라면을 임시 소나무가지 젓가락을 사용했다. 입에 넣으면 상처를 낼 것 같았다는 작가는 못난 나뭇가지라도 다듬어 주는 것이 고마웠다. 뒤틀리고 곱사등처럼 생겨도 둘이기에 음식을 집을 수가 있었다는 깨달음을 알았다. 좋은 짝이 되려면 서로 이해하고 양보해야 한다는 뉘우침을 안 작가는 남편과 화해할 생각으로 돌아오는 발걸음이 한결 가벼웠다는 사연에 잔잔한 감동을 주고 있다.

마. 秋谷 이영달 작가의 수필세계

　　매사에 적극적이고 솔직 담백하리만치 순백한 정신세계는 모든 사람의 가슴을 울리고 파고들어서 독자에게 잔잔한 감동을 주고 있다.
　　앞으로 문운이 들어 대성하기를 바란다.

10

인간생활의 喜怒哀樂을 주제로 한 人生 旅程의 지평을 열어 감동을 주다

김명석 단편소설 「스포일러」, 「화분」 소설론

10

인간생활의 喜怒哀樂을 주제로 한
人生 旅程의 지평을 열어 감동을 주다

김명석 단편소설 「스포일러」, 「화분」 소설론

가. 소설의 구분과 발전 방향

　소설(Novel)은 장, 단편소설에서 최근에는 무툰, 만화, 삽화를 그려 넣는 웹툰, 웹소설로 발전하며 유행하고 있다. 주로 젊은 사람이 많이 쓰고 보고 있다.

　소설小說은 인생의 삶에 여러 가지 사건의 전개로 구성하며 이는 작가의 사실이나 상상력을 기반으로 창작해 이야기제로 풀어서 엮이 나가는 산문체의 한 문학 장르이다. 그래서 소설에는 상상력을 기반으로, 허구로 지어내고 꾸며낸 이야기로 엮어나가는 Fiction과 사실적 근거를 기반으로 하는 작품, 역사 자료, 기록물을 중심으로 하는 Dacumentry. Non-Fiction으로 구분하고 있다.

　근대소설의 기반은 중세기말 이탈리아에서 시작해 유행하던 노벨라(Novella)로부터 기원했다고 전해지며, 이 말의 뜻은 새롭다, 신기하다는 뜻을 내포하고 있다.

나. 소설의 창작법

　글 쓰는 이는 자기 자신이 소설을 통해서 중심 생각이나 메시지를 서술하고자 하는 주제가 무엇인지부터 정해져야 한다.

소설을 쓰고자 하는 주제가 정해지면 그에 적합한 이야기, 서술, 서사구조를 생각하며 글을 써 나아가야 하는데, 여기에 소재는 소설의 구체적인 내용이나 배경, 그리고 그에 적합한 이야기의 재료를 잘 구성해야 한다.

소설의 3요소는 주제와 소재를 어떻게 잘 구성, 문제로 귀결하고, 작품을 통해서 작가의 주체 의식, 주제를 효과적으로 표현하기 위한 사건 배열 방식, 주제를 효과적으로 표현하는 사건 위주의 표현 방식, 문장, 필력으로 나타나는 작가의 개성 등 이런 표현 방법이 주류를 이룬다.

위 언급한 내용은 전문가가 주로 사용하는 기법이고, 초심자는 우선 자유롭게 글을 써나가야 순수성이 돋보인다. 처음부터 너무 형식과 규격에 얽매여 기교를 부리다 보면 주제에서 벗어나거나 엉뚱한 방향으로 나아가 혼돈이 와서 어려울 수도 있다.

소설의 내용, 이야기 전개는 반드시 기승전결(기는 도입, 승은 전개, 전은 클라이맥스, 결은 결말 유도)로 글 구조를 갖추어야 독자의 이해력을 돕는다.

소설 속에 나오는 중심인물과 보조 인물의 개성 있는 전개와 캐릭터의 일관성이 중요한 부분을 차지한다. 그래서 기본 개념을 읽히고 자연스럽게 전개 시 완성도가 높고, 호응도가 높아져 독자가 글 내용에 공감하게 한다.

그래서 아마추어적인 글의 전개와 모습은 신선함이 드러나 그 나름대로 좋다. 또한 남의 소설을 많이 읽다 보면 자연히 글 쓰는 기법도 터득해 발전하므로 자연스럽게 보이기도 한다.

단편소설은 누구든지 주제의 내용을 이야기로 전개해 완성할 수 있다. 단, 독자에게 감동과 즐거움을 줘야 하는 부담감이 있다. 그래서 무엇에 대한 사건을 전개해 설명하고 묘사할 것인지 신중히 고려해 선정해야 한다.

다. 김명석의 소설 세계.

인간의 삶이란 가시밭길이요, 참으로 어렵고 힘든 인생 여정이다. 소설가 김명석의 단편소설 「화분」, 「스포일러」를 소설론 하고자 한다.

스포일러

도 화가

'저는 다음 주에 세상을 떠나려 합니다.'

문 작가가 세상을 떠나겠다고 공언한 게 이번이 처음은 아니지만, 다음 주라고 명백히 밝힌 것은 D-day를 확고히 정했다는 의지의 표현이다.

'띠릭 띠릭' 소리에 도 화가는 핸드폰의 문을 열고 액정에 갇힌 그 메시지를 확인했다. 대개 극단적 선택을 할 때는 쥐도 새도 모르게 하는데, 문 작가는 기인이다. 며칠 전부터 문 작가가 뿌린 언색이 도 화가의 머릿속을 칙칙하게 도색했다. 언질 이상의 예고된 죽음. 그의 소설이 기이해서 그가 기이하게 보이는 걸까? 그가 기이해서 그의 소설이 기이한 걸까? 그의 자전적 소설을 보면 그는 자부심이 강하다. 극단적 선택은 더 이상 다른 선택의 여지가 없을 때 하는 것인데, 그의 자부심에 얼마나 스크래치가 났기에 그러는 것일까? 도 화가는 그 후로 도통 붓이 손에 잡히지 않는다. 붓질해도 붓이 길을 잃는다. 도 화가는 그에게 통화 버튼을 눌렀다. 그는 전화를 받지 않았다. 신호음이 길을 헤맨다.

도 화가와 문 작가가 서로 알게 된 때는 십 년 전이다. 도 화가는 그림만으로 먹고살기 어려워 밑바닥 일을 하면서 주식 거래를 했다. 그러던 중 주식 동호인들과 정보를 공유하고자 '따따'라는 주식 카페를 개설했는데, 문 작가가 인터넷 탐색을 하다가 그 카페가 마음에 들어 회원 가입했던 것이다. 도 화가는 카페지기를 하면서 자신의 얼굴을 노출하지 않았지만, 문 작가는 그가 올린 글이나 그림에 대해서 꾸준히 댓글을 달아 호응했다. 그러면서 얼마 지나지 않아 그 카페의 스태프로서 활동하게 되었고, 그를 인생의 선배로 대할 정도로 친밀도가 높아졌다. 문 작가는 소설은 물론 시나리오도 작성할 정도로 창작에 일가견이 있었다. 어쩌면 그는 자신에 대한 시나리오를 구상하고 있었을지도 모른다. 그는 1인 출판사를 차려 직접 책을 출간했고, 자신의 저서들을 도 화가에게 보내 주었다. 도 화가는 그의 저서를 정독했고, 책에서 이를 잡아내듯 오탈자를 찾아냈고, 날카로운 비평을 해 주었다. 도 화가는 그림에 점묘법을 구사하고 있었기에 하나하나 집어내는 데에 일가견이 있다. 그가 점묘법을 구사한 그림은 그 카페에서 경매로 팔리기도 했고, 인물화 의뢰가 들어오기도 했다. 사실 모든 사물은 점으로 이루어졌다고 볼 수 있다. 문 작가는 원점을 추구하고 있있을 것이다. 문 작가는 그의 비평을 겸허히 받아들였고, 언제부턴가 출판하기 전에 초고를 그에게 보내 주었다. 문 작가는 그가 사전에 오탈자를 찾아 주고, 또 감수받기를 원했던 것이다.

그 카페 회원들의 커뮤니티 친밀도가 높아지자 문 작가는 회원 간의 오프라인 모임을 주관했다. 첫 모임에 많은 회원이 참석할 정도로 호응도가 높았다. 이미 사이버에서 오랫동안 관계를 유지했기에 서로 친구를 대하듯 했다. 주식은 물론 개인의 삶에 대해 관심을 가졌고 노래방에서 뒤풀이할 정도로 화기애애했다. 문제는 카페지기기 불참서채 100% 만족하지 못했다는 것이다. 알맹이가 빠진 격이었다. 급기야 다음 날 댓글에 참석한 회원들의 불만이 빗발쳤다. 도 화가는 밤늦게까지 일해야 했기에 어쩔 수 없었다고 변명해 사태를 무마했다.

그다음 모임에 도 화가는 나가기로 결심했다. 점장에게 양해를 구해 조퇴하고 모임에 참석했다. 하지만 자신의 실체를 숨긴 채 다른 닉네임을 달고 자리에 앉았다. 그는 내내 주식에 대해 열강을 했고 회원들은 낯선 회원의 달변에 놀라움을 금치 못하면서 그의 정체를 궁금해했다. 식사를 마친 후 회원들은 뒤풀이하러 노래방으로 향했다. 도중에 앞서 가던 두 여성 회원의 대화가 도 화가의 귀를 간질였다. 그녀들은 카페지기가 이번에도 참석하지 않았다며 불평했다. 도 화가는 어쩔 수 없이 둘 중 교사인 여성 회원에게 자신이 카페지기라고 실토했다. 다만 다른 회원들에게는 비밀로 해 달라고 당부했다. 그녀는 뜻밖의 사실에 놀라면서 매우 반가워했다. 다음 날 또 참석한 다른 회원들의 불만이 터졌지만 그녀는 비밀을 지켰다. 문 작가는 불만에 관심 없이 낯선 회원에 대해 미스터리 인물이었다고 토를 달았다. 회원들 입장에서는 반사 거울로 노출된 기분일 것이다.

새봄에 도 화가는 두 번째 인물화 전시회를 열었다. 갤러리도 아닌 자신이 일하는 곳의 벽을 빌려 전시한 것이지만, 전시해 놓은 60점의 그림을 보면서 성취감과 행복을 느꼈다. 인물화 그리기는 쉽지 않은 일이다. 그 사람의 얼굴은 그 사람의 삶과 성격과 내면이 조각해 놓은 것이다. 도 화가는 그 사람의 얼굴을 그리기 전에 사진을 몇 시간 동안 관찰한 후 눈을 감고 이미지가 뇌리에 박힐 때 비로소 붓을 든다. 인물화를 그리기 전에는 그 사람과 대화하고, 그 사람의 삶을 이해해야 한다. 그 사람의 삶을 충분히 이해하지 않고 그린 인물화는 한낱 영혼 없는 껍데기에 불과하다. 그 사람의 영혼이 담긴 인물화여야 숨을 느낄 수 있다. 도 화가는 많은 인물화를 그리면서 깨달은 바가 크다. 인물화를 그리다 보면 평상시 알지 못했던 그 사람의 모습과 내면을 알 수 있다. 사람들은 일반적으로 다른 사람의 겉만 보고 판단해 오해가 빚어진다. 그 사람의 삶과 내면을 이해하지 못한 빗나간 행동이다. 그 사람의 삶과 내면을 이해한다면 존중할 수 있게 된다. 인물화를 받아 든 사람들은 두 부류로 나뉜다. 만족하는 부류와 무덤덤한 부류. 대개 자기 얼굴과 똑같다고 여기면 만족하고, 다르다고 여기면 무덤덤하다. 물론 인물화는 얼굴을 똑같이 그려야 한다. 하지만 그러지 못할 경우도 있고, 화가의 눈에 비친 모습이 그래서일 수도 있다. 이러한 면을 이해하고 똑같지 않더라도 고마워하는 사람도 있다. 여기서 인물을 알 수 있다.

전시회 마지막 날을 하루 앞두고 도 화가가 상념에 젖어 있는데 뜻밖의 일이 발생했다. 전시회장으로 다가오던 문 작가와 눈이 마주친 것이다. 두 사람의 얼굴에는 놀라는 표정이 그려졌다.

"아~ 선배님이 선배님이셨군요."

"아이고, 문 작가님. 이 먼 데까지 찾아 주시니 고맙습니다."

도 화가는 카페에 공지했었지만, 그가 전시회장을 방문하리라고 상상도 못했다. 도 화가는 문 작가가 자기의 정체를 알리지 않은 것에 대해 서운해했을 터인데, 미안한 감정이 똬리를 틀었다. 그가 놀라는 표정이었으나, 어쩌면 예리한 그가 눈치챘으리라고 짐작되었다. 두 사람 사이에 잠시 정적이 흐르다가 서로 악수를 했다. 문 작가의 손아귀에는 반갑고 후련한 마음이 뭉쳐있었다. 문 작가는 카페지기에 대한 궁금증이 십 년 만에 해소되니 시원섭섭했다. 이 사건도 한 편의 시나리오 아닌가 하는 짜

릿함이 느껴졌다. 도 화가는 문 작가에게 믹스 커피 한 잔을 건네고서 벽 하단부에 부착되어 있는 문 작가 인물화를 가리켰다.

　도 화가는 카페의 오프라인 모임에 갔다 오고 나서 그렸던 문 작가 인물화를 애상스러운 표정으로 바라보았다. 십 년 간 온라인에서 그와 나눈 대화, 그가 보내 준 저서들, 오프라인 모임에서의 상면을 통해 그와 그의 삶을 이해하고 나서야 그의 인물화를 그릴 수 있었다. 한 점의 인물화를 그리기 위해서 십 년 동안의 마름질이 필요했던 것이다. 도 화가는 인물화를 그릴 때 그 사람의 삶에서 느낀 요소들을 배경으로 삼는다. 하지만 작금의 사태에 직면해서 과연 그와 그의 삶을 제대로 이해해서 그렸는가 하는 의구심이 들었다. 그가 자살을 결심하게 된 것은 어제오늘의 일이 아닐 것이다. 오랫동안 그의 마음에 점철된 것들. 덕지덕지 뭉쳐서 분해될 수 없는 웅어리가 그의 결심을 유도했을 것이다. 많은 사람이 살면서 한 번쯤은 자살을 생각한다. 세상의 고통이 죽음에 대한 두려움을 희석시킬 때 실행에 옮기게 된다. 그렇더라도 대개 '안녕'이라는 뉘앙스만 남길 뿐인데, 문 작가는 노골적으로 '다음 주에'라고 통보해 이 고통을 주는 것인지?

　도 화가는 카페의 바랜 창을 열고 문 작가가 올린 글들과 사진들을 거슬러 올라가면서 살펴보았다. 그동안 즐겼던 그의 글들과 사진들이 이제는 자신을 옥죄였다. 살면서 남의 죽음에 대해서 이렇게 신경을 쓰는 일은 처음이다. 왜 그의 죽음을 기정사실화하는지? 아무리 해독하며 살펴봐도 그가 계획을 세우게 한 단서를 포착할 수 없는데. 오늘 아침만 해도 문 작가는 평상시와 같이 카페에 글을 올리고 댓글도 달았었다. '다음 주'라고 못 박은 사람이 어떻게 이렇게 태연하고 평온할 수 있는지? 잔잔한 수면에 돌이 던져지면 파동이 일어나지만 돌이 가라앉고 나면 다시 잔잔해지듯이, 모든 것을 내려놓음으로써 평상심을 되찾아 그럴 수 있다.

도 화가도 그러한 생각을 안 해 본 바는 아니다. 도 화가의 삶은 어릴 적부터 순탄하지 않았다. 그는 초등학생 때 전국 사생 대회에서 입상할 정도로 그림에 재능이 있었지만, 불우한 환경으로 인해 그 재능을 키우지 못했다. 고등학교를 수석으로 졸업해 내로라하는 직장에 특채되었는데, 몇 년 못 가 자신의 꿈을 키우기 위해 그만둠으로써 고생길로 접어들었다. 그렇게 세월이 흘러 힘든 삶을 비관해서 그러한 생각도 했었지만, 그의 삶을 지탱해 준 것은 신앙과 그림이었다.

아이러니하게 문 작가도 신앙인인데, 신을 모독하는 소설을 썼다. 자신이 최고의 추리 작가라고 자부하는 그는 공상에 빠져 소설로 해괴한 복음을 지어냈다. 무엇이 그의 정신을 이토록 지배했던 것일까? 상상을 거듭하며 이런 기이한 소설을 쓰지 않고는 못 배기도록 하는 그 무엇. 그는 복음 소설을 탈고하고 나서 성취감과 희열을 느꼈지만, 돌이킬 수 없게 책으로 출간하고 나서는 극복할 수 없는 죄의식에 사로잡혔다. 그가 출간하기 전에 도 화가에게 초고를 보낸 소설이 바로 이 책이다.

키르케고르의 사상을 빌리자면 문 작가는 '죽음에 이르는 병', 절망에 빠진 것이다. 문 작가는 이 소설에 대해 도 화가로부터 충고를 받았다. 문 작가는 불안과 절망이 극에 달해 회심하고, 도 화가에게 진정한 신앙인으로 살겠다며 교회 한 군데를 소개해 달라고 했다.

문 작가

　종로는 문 작가가 즐겨 찾는 곳이다. 종로에 오면 답답하던 마음이 툭 트였다. 종로에 어우러진 인간사는 소설을 쓰는 데 다양한 소재가 된다. 그가 종로에서 제일 먼저 찾는 곳은 대형 서점이다.

　문 작가의 어릴 적부터의 꿈은 작가였다. 어떤 작가든 꿈꾸는 베스트셀러 작가, 유명 작가가 되고 싶었다. 역량 있는 작가가 되려면 우물 안 개구리에서 벗어나 넓은 세상을 경험해야 한다고 믿었기에 젊은 시절 상경했다. 시내 주변에 단칸방을 얻어 온갖 잡일을 하며 틈틈이 글을 써 꿈을 키웠다. 허드렛일과 중노동을 해도 힘든지 몰랐다. 오히려 그때 흘리는 땀방울이 의미 있는 글을 형성한다는 신념을 가졌다. 부딪치는 생활 속에서 얻어지는 수중한 경험과 소재는 값진 것이다. 그는 자전거로 배달도 했었는데 그때의 경험이 아름다운 추억으로 남아 있고 자전적 소설에 소재가 되었다. 그는 젊은 시절 철학서에 심취했다. 그의 소설에는 많은 철학이 인용되어 있고, 철학들을 통합해 자신의 철학을 세워 파급시키고자 했다. 문제는 철학을 신봉해 혼돈을 초래했다는 것이다.
　상경 후 고생 끝에 출간한 처녀작은 시선을 끌지 못했다. 그는 문청이었기에 실망하지 않고 이전과 같이 밑바닥 일을 하면서 글쓰기를 이어나갔다. 몇 년 뒤 드디어 보람을 얻었다. 모 출판사를 통해서 출간한 책이 종로에 있는 대형 서점의 평대에 진열되고 초판이 완판되었다. 비록 출판 계약상 아직 자기에게 돌아오는 인세는 없었지만, 그는 이제 독자들이 자기의 글을 알아주니 머지않아 꿈을 이룰 수 있으리라고 기대했다. 문제는 출판사에서 2쇄를 찍지 않는다는 것이었다. 그는 아연실색해 출판사에 항의했지만, 출판사에서는 이미 결정된 사항이라고 했다. 그는 실망감에 밤새 몸을 뒤척였다. 며칠 후 그는 다시는 출판계의 횡포에 당하지 않기 위해 1인 출판사를 설립했다. 그는 자기 출판사를 가져 의욕이 넘쳤지만 소모되는 시간과 비용은 늘어났다. 그의 생활은 점점 더 어려워졌다.

그는 궁리 끝에 주식 투자를 해서 비용을 조금이라도 충당하기로 마음먹었다. 그는 주식 투자에는 문외한이었기에 효과적인 투자를 위해 인터넷을 탐색했다. 그러다가 '따따'라는 주식 카페를 알게 되었다.

'따따'는 주식이 주목적이지만, 주식과 돈에 환장한 사람들의 커뮤니티가 아니었다. 추천 주식은 물론 블로그처럼 회원도 개인에 관한 일을 올릴 수 있는 공간이 마련되어 있었다. 문 작가는 이러한 점이 마음에 들었다. 문 작가는 이곳저곳 다니면서 사진 찍기를 좋아하는데, 카페에 그때 찍은 사진과 글을 올려 회원들과 공유할 수 있다는 점이 좋았다. 비록 사이버 공간이지만 출책이 잦은 회원 간에 친밀도가 높아졌다. 서로 선물을 주고받을 정도로 허물없는 사이가 되기도 했다.

문 작가는 모임 만들기를 좋아한다. 주로 문학과 영화 관련 모임이지만, 카페의 권장도 아닌 회원으로서 모임을 만들기는 처음이다. 그는 권장에게 허락을 구하지는 않았지만, 도를 넘지 않도록 공식적인 모임 명칭을 달지 않았다.

오프라인 2차 모임에는 1차 모임처럼 십여 명이 참석했다. 대부분은 1차 모임에 참석했던 회원인데, 마치 오프라인에서 오랫동안 관계를 유지

해 왔던 것처럼 서로 친근하게 대했다. 문 작가의 눈에 비친 색다른 일은 신입 회원인 것 같은 낯선 회원이 참석했는데, 그는 마치 이 카페에서 오랫동안 활동해 왔고 참석한 회원들을 잘 알고 있다는 듯이 말한다는 것이었다. 또 지난 1차 모임에서는 주식 이야기는 짧고 사담이 길었는데, 이번 2차 모임에서는 낯선 회원의 주식 열강이 분위기를 내내 주도했다는 것이었다. 낯선 회원은 자신에 대해서는 일절 이야기하지 않았기에 시간이 지날수록 문 작가는 그의 정체가 더욱 궁금해졌다.

도 화가의 두 번째 인물화 전시회에서 도 화가를 상면한 문 작가의 속마음은 이랬다. '설마 했더니 역시 그랬구나.' 문 작가는 추리 작가이다. 문 작가는 자기의 추측이 들어맞아 자긍심이 들고, 한편으론 정말로 그가 그러니 놀랍고 반가웠다. 따끈한 믹스 커피가 십 년 묵은 체증을 쓸고 내려갔다. 문 작가는 오프라인 2차 모임에서 낯선 회원의 언행을 보고 그가 카페지기 아닌가 하고 추측했었다. 문 작가는 그전부터 카페지기의 실체가 궁금했었다. 단지 아는 것이라곤 그가 화가라는 사실. 얼굴 없는 작가도 많지 않은가? 유명한 그라피티 아티스트 뱅크시도 얼굴 없는 화가 아닌가? 문 작가는 그전부터 도 화가를 개인적으로 만나고 싶었지만 그러지 않았다. 문 작가의 눈에 도 화가는 신비주의를 추구하는 인물 같지는 않아 보였다. 아이러니한 것은 그가 자기의 얼굴은 드러내지 않으면서 이렇게 남의 얼굴들을 그린 인물화를 전시하고 있다는 것. 문 작가는 도 화가에게 그럴 만한 사정이 있겠거니 했다. 문 작가는 신중하고 이해심이 많은 사람이다. 문 작가가 이번에 방문한 이유는 카페지기의 전시회를 꼭 한번 가 보는 게 도리라고 생각했기 때문이다.

"제 인물화를 이렇게 전시해 주시니 감사합니다."

"무슨 말씀을요? 문 작가님과 윤 교사님의 인물화 없는 전시회는 앙꼬 없는 찐빵이요 고무줄 없는 팬스죠."

전시회장 앞에는 오프라인 모임에서 도 화가의 실토를 받은 윤 교사가 지방에서 보내온 양란이 놓여 있었다.

"인물화들에 난향이 물씬하네요."

속 깊은 문 작가는 도 화가에게 배신감을 느끼기보다는 오히려 그에 대해 신뢰감과 존경심이 들었다.

1세기 만의 폭염이 종로의 거리를 가마솥으로 만들었다. 문 작가는 자신의 영혼이 가마솥에서 펄펄 끓는 기분이었다. 죽음이 없는 영혼이 가마솥에서 영원히 끓는다면 얼마나 고통스러울까? 절망뿐인 육신은 하루하루가 힘들다. 자신의 복음 소설을 출간하고 나서 고통스러웠다. 누구보다 신을 잘 안다고 자부했었는데 오히려 신과의 관계가 상실된 듯한 절망에 빠졌다. 문 작가는 오늘은 대형 서점이 아닌, 회심하고 진정한 신앙인으로 살겠다고 결심해 도 화가에게 소개받은 교회를 찾았다. 막상 교회 입구에 이르니 두려움이 엄습했다. 그는 극도의 공포로 더 이상 발을 옮길 수 없었다. 그의 얼굴은 창백해졌다. 뒤의 신도가 들어가기를 권하였으나 그는 입구 옆으로 물러서서 눈을 감았다. 예배가 시작되었어도 그는 그 자리에서 꼼짝하지 않았다. 그는 예배하는 중에 눈시울이 뜨거운 채 기도했다.

40도가 넘는 폭염에 뇌세포가 이완되고 있었다. D-day를 정하고 나니 만감이 교차하였다. 아버지는 일찍이 십 년 전에 세상을 떠나셨기에 아버지에 대해 죄의식은 없다. 단지 어머니에게 죄책감을 느낄 뿐이다. 십 년 동안 아버지에 대한 그리움이 머릿속에서 떠나지 않았다. 어머니는 평생 한 맺힌 채 사실 것이다. 어머니는 자신이 나이가 먹어도 자궁이었는데, 이제야 탯줄이 끊기는 기분이다. 최근까지 택배 일을 등에서 내려놓지 않았다. 밤늦게까지 힘든 일하는 것을 그만두라는 어머니의 잔소리에 못할 소리를 한 것이 마음에 걸린다. 어머니와는 티격태격하면서도 서로 뒤끝이 없었기에, 어머니는 그 일에 대해 응어리지지 않을 것이다. 어머니를 모시고 이곳저곳 구경 다니던 추억이 아련하다. '어머니, 이제는 저 혼자 여행 떠나요.' 홀가분하다고 할 수는 없다. 무거운 짐을 지고 가는 기분이다. 훗날 세상 사람들은 자신을 기억해 줄까? 미련이 남아 있다.

문 작가는 상경한 후 베스트셀러 작가, 유명 작가를 꿈꾸었는데, 그것은 고사하고 원고 투고, 문학상 응모에서 퇴짜를 맞기 일쑤였다. 자신의 원고가 계속 퇴짜를 맞아 비관해 자살했다가 훗날 어머니의 노력으로 출간되고 퓰리처상을 수상한 존 케네디 툴은 문 작가에게 희망이요 워너비였다. 문 작가는 쓴웃음을 지었다. 복음 소설 출간 후 여러 사람이 불편해해서 지금까지 쓴 원고들과 출간한 책들을 정리하는 마당에 무엇을 기대하는지? 아직 출간 안 한 원고 파일을 아예 삭제하기도 했지만, 일부는 USB에 담아 숨겨 놓았다. 사후에 글을 인정받고 유명해진 작가도 많지만, 문 작가는 그러한 것을 원하는 바는 아니다. 단지 세월이 흘러 독자들이 자신의 글을 불편해하지 않고 재조명한다면 출판되어도 무방하다는 입장이다. 무명작가는 바보 취급당하기 십상이다. 그는 손가락

질을 당해도 신념과 꿈을 버리지 않았었다.

 문 작가는 빚지지 않고 가는 것을 나행으로 여겼다. 그는 글을 쓰는 시간이 부족해도 계속 밑바닥 일을 해 생활비와 출판 비용을 벌었다. 단지 출판 두세 달 전에는 글에 집중하기 위해 일손을 놓았다. 그는 생활이 아무리 어려워도 가족이나 지인에게 결코 손을 벌려 본 적이 없다. 그는 남을 불편하게 하고 남에게 폐를 끼치는 짓을 극히 싫어하는 성격이다. 괴로워할 정도이다. 그동안의 나그네 인생길에 노잣돈이 많이도 들었다. 앞으로 살아가려면 얼마나 많은 노잣돈이 필요할까? 계좌에는 여윳돈이 남아 있다. 가는 길에 노잣돈이 무슨 필요랴마는.

 문 작가는 숲길을 걷고 있었다. 그는 숲길을 좋아한다. 마음 정리가 필요할 때는 숲을 찾아 걷는다. 우거진 나무의 피톤치드를 만끽하며 걷다 보면 마음이 이완된다. 숲은 미지의 세계다. 자신은 미지의 세계를 헤치며 걸어왔다. 앞날의 미지의 세계가 어떨지 궁금하다 신만이 알 수 있는 세계. 문 작가는 그 세계를 탐구해 왔다. 그는 그 세계가 근원이리라고 믿었다. 그 근원에 대한 궁금증을 참을 수 없었다.

 서 작가

 서 작가는 화장실에서 볼일을 보고 나서 전시회장으로 다가가다가 뜻밖의 인물을 발견하고 깜짝 놀랐다. 몇 년 동안 도 화가로부터 말로만 듣고 사진으로만 봤던 문 작가가 도 화가와 함께 있는 것 아닌가. 문 작가도 서 작가의 사진을 많이 봐 왔던 터라 그를 한눈에 알아보았다. 도 화가가 서 작가가 책을 출간할 때마다 신간을 문 작가에게 보내 주었었고, 서 작가도 도 화가로부터 문 작가의 저서들을 받았었다. 서 작가의 입장에서 고마운 일은 문 작가가 자신의 출간 소식을 접하면 바로 종로에 있는 대형 서점으로 가서 신간을 구입했다는 것이다. 같은 무명작가로서 그러기가 쉽지 않은데 문 작가는 상당히 열려 있는 인물이었다. 서 작가는 고마워서 그의 저서를 인터넷을 통해 사 주고 싶었지만 판매하는 사이트가 없었다.

"이쪽은……."

도 화가의 형식적인 소개일 뿐이었다.

"문 작가님, 여기서 이렇게 만나 뵙게 될 줄이야. 반갑습니다."

"저도 그렇습니다. 반갑습니다."

두 사람 간의 악수에는 무명작가들의 결탁이 숨어 있는 듯했다.

"자, 두 작가님이 드디어 상면했으니 기념사진을 찍어 드리지요."

도 화가의 너스레에 두 사람은 나란히 섰다. 문 작가가 다리를 넓게 벌리고 고개를 기울였어도 그의 머리는 서 작가의 머리보다 한 뼘 정도 높은 곳에 위치해 있었다.

기념 촬영을 마치고 세 사람은 저녁 식사를 하러 인근에 있는 뷔페로 갔다.

"지난달에 신간을 내셨다면서요?"

"네, 그렇습니다."

그 신간은 문제작인 복음 소설이었다. 서 작가는 그 소설을 이미 도화가로부터 건네받아 표지를 들추면서부터 마음이 상했었다. 서 작가는 문 작가에게 어떻게 감당하려고 그런 소설을 썼냐고 한마디하고 싶었지만 예의를 지켰다.

"또 구상하는 소설이 있습니까?"

"네, 서너 가지 구상하고 있습니다."

서 작가는 문 작가에게 대단하다고 했지만 우려가 앞섰다.

몇 달 후 서 작가는 도 화가로부터 충격적인 소식을 들었다. 문 작가가 자살을 결심했다는 것이었다. 서 작가는 이전에 도 화가로부터 문 작가가 복음 소설을 펴낸 것에 대해 괴로워하다가 회심하고 이제는 진정한 신앙인으로 살겠다며 교회를 소개해 달라고 했다는 이야기를 들은 바 있었다. 서 작가는 다행이라고 여겼었는데 이외의 소식을 듣고 놀랐다. 그와 몇 달 전에 상면했던 터라 더욱 피부에 와닿았다.

서 작가는 최근 생애 처음으로 내 집을 마련했다. 오래된 중소형 아파트여서 손 볼 데가 많았다. 그는 후배에게 인테리어를 맡겼다. 도배장판을 한 후에 새 가구를 들여놓았는데, 문제가 발생했다. 가구를 들여놓자마자 흠이 난 것이다. 직원이 문에 부착할 필름을 뿔자로 절단하는 작업을 하다가 흠을 낸 것이었다. 그는 손짓으로 후배를 조용히 불러 지적하고 직원에게 얘기하지 말라고 했는데, 후배는 직원에게 알렸다. 직원은 바로 그에게 와서 거듭 사과했다. 서 작가는 괜히 옹졸한 사람이 된 꼴이었다. 필름 작업이 마무리된 후 서 작가는 후배와 직원과 함께 저녁 식사를 하러 중국집으로 갔다. 메뉴는 짬뽕으로 통일되었다. 식사를 하는 중에 직원은 밭은기침을 했다. 그는 식사도 제대로 하지 못했다. 식사 후 그 직원이 돌아가고 나서 서 작가는 후배에게 직원이 몸이 안 좋으냐고 물었다. 후배는 그가 말기 암 환자라고 했다. 서 작가는 놀라서 한동안 입이 다물어지지 않다가 어느 정도냐고 물었다. 후배는 석 달 남았다고 했다. 서 작가는 눈시울이 뜨거워졌다. 괜스레 흠집을 냈다는 죄책감이 들었다. 알고 보니 그 직원은 후배의 불알친구이고 서 작가가 예전에 알았던 지인의 사돈이었다. 그렇다 보니 연민이 크게 느껴졌다. 한편으론 석 달 남았다는 사람이 병색을 드러내지 않으면서 여전히 열심히 일하다니 대단하고 존경스럽게 여겨졌다. 서 작가는 문 작가가 떠올랐다. 한 사람은 시한부 인생을 선고받고도 죽음을 극복하려고 애쓰는데, 한 사람은 왜 죽으려고 자살하려 하는지? 그러면서도 문 작가도 여전히 글을 쓰고 일한다. 서 작가는 그 사람들이 되어 보지 않고는 그 사람들의 심정을 알 수 없다는 것을 절감했다.

서 작가는 작년에 동창이 사망했다는 급보를 듣고 장례식장으로 달려간 적이 있었다. 평소에 건강하던 그가 갑자기 사망했다는 사실이 믿기지 않았다. 조문실에는 이미 많은 동창이 와 있었다. 서 작가는 그의 가족들을 조문한 후 동창들과 합석했다. 서 작가는 그가 왜 그렇게 갑작스럽게 사망했는지 궁금했지만 예의에 어긋나는 것 같아 이야기를 꺼내지 않았다. 이런 때나 한 번씩 만나게 되는 몇몇 동창은 넋을 놓고 있었고, 한 동창은 밤을 새웠는지 구석에 누워 있었다. 대화의 물꼬는 자연스레 옆에 있는 동창과 트였다. 서 작가는 이야기를 듣는 중에 그의 사망 원인을 알고 놀랐다. 그가 자살했다는 것이었다. 평소에 의연하던 그가 그러리라고는 꿈에도 생각지 못했는데 뜻밖이고 당황스러웠다.

서 작가는 감히 그러한 생각을 해 본 적이 없으나, 젊은 시절에 '내일 아침에 깨어나지 않았으면……' 하는 소망을 품은 적은 있다. 서 작가는 당시에 내로라하는 직장을 자의 반 타의 반으로 그만두었다. 설상가

상 직장을 다니면서 제2금융권에서 고리의 많은 빚을 내어 음식점을 운영했는데, 이미 퇴직 전에 망했던 터였다. 회사에서도 퇴직금을 담보로 사내 대출을 받았었기에 퇴직금은 한 푼도 없었다. 원금은 고사하고 시간이 갈수록 이자가 눈덩이처럼 불어 숨통을 조여 왔다. 그는 급기야 삼 년 동안 부었던 청약 저축 통장을 깨서 고리의 빚을 갚았으나 일부에 불과했다. 재취업도 어려워 일말의 희망도 보이지 않았다. 그는 절망에 빠졌다. 그 절망은 현실적으로 감당하기 힘든 빚에 의한 것이라기보다는 인생의 회의에서 비롯되었다. 그로 인해 그러한 소망을 품었었지만, 그는 목표를 세워 희망을 갖고 이겨 냈다.

자살한 사람이나 자살하고자 하는 사람이나 각기 이유가 있겠지만, 자살의 이유야 어떻든 남은 가족과 절친들은 얼마나 비통하고 힘들겠는 가. 서 작가는 다만 문 작가가 절망을 극복하기를 바랐다.

도 화가

도 화가는 문 작가가 자기가 소개해 준 교회를 찾고 나서 마음을 돌리기를 기대했었는데, 문 작가의 마음이 변함없다는 서신을 받고서 실망스러웠다. 더욱이 '다음 주'라는 예고에 마음이 심란해졌다. 자신의 붓질도 갈팡질팡했다. 도 화가는 오피스텔에서 창밖을 바라보았다. 그에게 계속 전화했지만 그는 전화를 받지 않는데, 신호가 이중 창문을 뚫고 나가지 못해서인가? 그는 마음을 이중벽으로 차단했다. 도 화가는 그가 마음의 문을 열어 주기를 학수고대하며 그에게 메시지를 보냈다. '어디에요?'

도 화가가 문 작가의 서신을 반복해서 읽고 있는데 '숲'이라는 답신이 왔다. 도 화가는 가슴이 덜컹했다. 그가 정말 자살할 목적으로 계획을 실행에 옮길 장소를 물색하고 있는 것인가 우려해서. 도 화가는 그에게 한번 만나자는 메시지를 보냈지만, 묵묵부답이었다. 시간이 지나면서 창밖은 거무스름하게 색칠되고 있었다. 반면 검어질수록 가게들에서 빛이 하나둘씩 흘러나오며 거리는 밝아져 갔다. '아하!' 도 화가는 문 작가에게 빛을 밝힐 수 있다면 희망을 얻을 수 있으리라고 기대했다. 도 화가는 그에게 식사하면서 이야기를 나누어 보자는 메시지를 보냈다. 얼마 후에 온 그의 답신은 수사적이었다.

'아이고, 선배님, 가는 길 따뜻하게 밥 한 끼 대접해 주신다니 고맙습니다만 마음만으로도 따뜻합니다.'

심금을 울렸다. 어떻게 이렇게 자신의 죽음의 길을 아름답게 포장할 수 있는지. 도 화가는 그 문장으로 봐서는 문 작가가 질망으로 인해 자살을 목전에 둔 사람같이 보이지 않았다. 그는 정말 자신의 자살을 한 편의 시나리오의 구성으로 삼고 있는 것인가? 그렇다면 그는 참 기이한 인물이다. 도 화가의 눈에 한 번 그에게서 피해망상증이 엿보이기도 했었다. 도 화가는 그때에 웃어넘겼을 뿐 이상하게 생각하지도 별다른 말도 하지 않았었다. 그의 정신세계를 존중하고 대단하게 여겼었다. 문 작가는 도 화가가 자신을 이해하면서 충고해 주는 면에 신뢰하고 존경했을 것이다. 신이 아닌 이상 완벽한 사람이 어디 있겠는가? 사람들은 자신의 결점이 많으면서도 남의 결점을 들추어내기를 좋아한다. 도 화가는 남에게 쓴소리를 곧잘 하지만 정작 자신은 조금이라도 귀에 거슬리는 소리를 들으면 흥분했었다. 도 화가는 이를 알기에 성찰하며 많이 고쳤다. 자신과 자신의 삶을 이해하고 조언하면 겸허히 받아들인다. 그런 면에서 보면 문 작가는 마음이 열리고 넓은 인물이다. 문 작가는 최근에 생애 획기적으로 성찰했다. 복음 소설을 출간한 것을 괴로워하다가 그동안 써 왔던 원고들과 출간한 책들을 정리할 정도로 회심했으니 말이다.

이틀 후 도 화가의 글에 문 작가가 댓글을 달았지만, 예고된 다음 주가 코앞에 다가왔기에 도 화가는 불안했다. 도 화가는 문 작가에게 전화했지만 역시나 문 작가의 목소리는 들리지 않았다. 도 화가는 그에게 애절한 메시지를 날렸다.

'우리 사이에 저를 보지도 않고 떠나신다면 평생 섭섭할 거예요. 만나서 지난 이야기나 하자고요.'

잠시 후 문 작가의 답신이 왔지만 유도 글에 넘어갈 그가 아니었다.

'지금까지 해 주신 말씀만으로도 충분하고 감사히 여기고 있습니다. 좋은 말씀 가슴에 품고 가겠습니다.'

도 화가는 한숨을 쉬고 다시 메시지를 보냈지만 문 작가의 응답은 더 이상 없었다.

다음 주가 시작되자 뜻밖의 택배가 왔다. 문 작가가 보낸 것이었다. 박스의 뚜껑을 열어 보니 서신과 함께 돈 봉투와 인견 이불이 들어 있었다. 도 화가는 얼른 서신을 펼쳐 보았다.

'얼마 안 되지만 의자가 불편하시다 하여 편한 의자를 마련하시라고……'

도 화가는 서신을 다 읽고 나서 이제는 정말 그의 죽음을 기정사실로 받아들여야 한다니 한탄스러웠다.

그 후로 문 작가는 댓글을 달지도 도 화가가 메시지를 보내도 응답하지 않았다. 도 화가는 그를 설득하기 위한 마지막 수단으로 서신을 속달로 보냈다. 도 화가는 시간이 지날수록 초조했다. 뜻밖에 주말 아침에 희망적인 일이 일어났다. 문 작가가 도 화가의 글에 댓글을 달았던 것이다. 도 화가는 문 작가가 서신을 읽고 마음을 돌이켰는가 하는 일말의 기대를 가졌다.

미친 폭염이 사람을 미치게 만들고 있었다. 경장은 숨넘어갈 듯 얘기하는 도 화가의 땀범벅인 얼굴을 물끄러미 바라보고 있었다.
지난 주말이 지나 주중에 도 화가는 문 작가에게 전화했지만 핸드폰이 꺼져 있기에 불길한 생각이 들어 이곳 경찰서에 오기 전에 문 작가의 주소지를 찾아갔었다. 쪽문이 달린 반지하에 거주하는 것 같아 쪽문과 커튼이 쳐진 바라지를 몇 번이나 두드렸지만 기척이 없었다. 도 화가는 대문으로도 가서 초인종을 누르고 대문을 두드렸지만 마찬가지였다.
"그러니까 그분이 자살하려고 했다는 말씀이죠? 그래도 실제로 자살하는 사람이 그리……"
도 화가는 답답했다. 그는 경장에게 핸드폰을 내밀며 문 작가로부터 받은 메시지들을 봐 보라고 했다. 경장은 메시지를 일일이 읽고 나더니 고개를 끄덕거렸다.
"그러면 말씀대로 그분 집에 가서 확인해 봐야겠네요."
도 화가가 핸드폰을 되돌려 받고 급한 마음에 얼른 문 쪽으로 향하자 경장은 "잠깐만요" 하며 그를 세웠다.
"그분 이름이 어떻게 되죠?"
도 화가가 그의 이름을 알려주자 경장은 컴퓨터 조회를 해 보았다. 잠시 후 경장은 눈을 똥그랗게 뜨더니 도 화가의 긴장된 얼굴을 바라보며 손가락을 하늘로 가리켰다. 노 화가는 그 순간 설움이 복받치고 숨이 거칠어졌다.

"아흐흐흑, 아흐흐흑……."

도 화가의 울음이 그치지 않자 경장은 시신은 유족에게 잘 인계됐으니 너무 상심하지 말라며 그를 달랬다. 도 화가는 울음을 참고 경장에게 고맙다며 인사한 후 뒤돌아섰다.

경찰서를 나선 도 화가는 문 작가의 집을 다시 찾아 쪽문 앞에 쭈그리고 앉았다. 여기서 아무리 기다려도 문 작가는 돌아오지 않을 것이다. 진작 찾아왔어도 그의 결심을 꺾을 수 없었겠지만 못내 아쉽고 끝까지 지켜 주지 못한 죄책감을 금할 수 없다. 그와 카페에서 십 년 동안 사귀었지만 정작 올해가 되어서야 얼굴을 두 번 마주했을 뿐이다. 문 작가가 인물화 전시회를 찾아오지 않았더라면 그는 자신의 실체를 정확히 알지 못한 채 떠났을 것이다. 그 우연한 상면은 숙명이었을 것이다. 도 화가는 진작에 그에게 자신을 알리지 않은 게 미안하고 아쉽지만, 그나마 위안이 되었다. 문 작가는 복음 소설을 출간하고 나서 괴로워하다가 돌이켰었는데……, 그의 자살 이유를 정확히 알 수 없고 미스터리로 남았지만, 그가 떠난 마당에 그것을 알아서 무엇 하겠는가. 그의 시나리오는 결말이 났지만 그와의 특별한 추억은 머릿속에서 수시로 재상영될 것이다.

- 「스포일러」 전문

「스포일러」에 등장하는 도 화가는 인물화를 주로 그리는 화가로서 그림만으로 먹고살기 어려워 주식 거래에도 손을 댄다. 동호인 주식 카페를 개설해 카페지기로 온, 오프라인 회원 모임에서 우연한 기회에 문 작가를 만난다. 문 작가도 온갖 잡일을 하고 틈틈이 글을 쓰며 어릴 적부터 꿈꿔온 베스트셀러 작가가 되기 위해 노력한다.

문 작가는 모 출판사를 통해서 출간한 책이 종로 대형 서점의 평대에 진열되고 초판이 완판되었다. 이제 독자들이 자기의 글을 알아주니 머지않아 꿈을 이룰 수 있다. 라고 기대했다. 출판사와 계약에 의거 더는 출간을 안 하기로 했다는 말에 실망한 나머지 자기 자신이 출판사를 설립해 운영한다. 그는 시간과 비용이 늘어나고, 생활은 점점 더 어려워졌다. 그러는 동안 한때 철학사상을 복합적으로 응용한 글을 써서 최고의 추리 작가라고 자부한다.

문 작가는 진정한 신앙인으로 살겠다고 원해서 도 화가가 소개한 교회를 찾았다. 그는 왠지 모르게 교회에 두려움과 공포를 느끼면서도 신앙생활을 계속해 이후 독실한 기독교인이 된다. 문 작가는 도 화가의 전문인 점묘법를 통해 출판 전에 수시로 초고에 오탈자 수정과 감수받기를 원해 서로 교류의 문을 트고 사귄 지도 벌써 10여 년이란 세월이 흘렀다.

어느 날 우연한 기회에 문 작가와 서 작가는 평소에 풍문, 소식으로만 듣던 문 작가를 전시회장에서 만나 서로 인사한다. 그들은 문 작가가 지난달 발간한 신간 문제작 복음 소설에 대하여 진솔한 대화를 나누었다. 서 작가는 심히 우려하면서 어떻게 감당하려고 그런 소설을 썼냐고 심중에 있는 말을 한마디 하고 싶었다.

문 작가는 공상에 빠져 한때 신을 모독하는 복음 소설을 발간하고서 성취감과 희열을 느꼈으나 반대로 죄의식에 사로잡혀 죄책감에서 고통스러운 세월을 보내며, 그 굴레에서 벗어나려고 몸부림쳤다.

무엇이 그의 정신세계를 이토록 황폐하게 만들었나?
키르케고르의 사상을 빌리면 '그는 죽음에 이르는 병', '절망에 빠지는 피해망상증'을 앓고 있었다. 자기 신앙에 대한 정신적인 죄책감과 강박관념에 속박되어 세상을 떠나겠다고 자주 말한다. 날짜까지 잡아, 최후에 실행에 옮기려고 한다.

문 작가는 오래전에 돌아가신 아버지에 대한 죄의식은 없으나 살아계신 어머니에게만 죄책감을 느끼고 있었다. 그는 복음 소설 출간 후 심정이 불편해 쓴 원고와 파일은 삭제했지만, 그동안 쓴 원고는 USB에 일부 담아 놓았다.

몇 달 후 서 작가는 도 화가로부터 문 작가가 자살을 결심했다는 충격적인 소식의 내막은 신앙인으로서 복음 소설을 펴낸 괴로움이었다고 전해 들었다.

서 작가가 잘 알고 있는 말기 암 환자는 하루라도 더 살기 위해서 발버둥을 치는 반면, 문 작가는 신앙에 대한 정신적인 고통으로 생을 마감하려는 정신 자세를 도무지 이해 못 한다고 도 화가에게 말한다.

그동안 자주 죽겠다고 말하던 문 작가는 도 화가의 스마트폰에 '저는 다음 주에 세상을 떠나려 합니다.' 라고 문자가 왔다. 보통 사람은 극단적 선택 시 쥐도 새도 모르게 실행하는데 그는 다음 주 D-day를 확고히 정했다는 의지의 표현에 도 화가는 깜짝 놀라고, 예고된 죽음은 그의 귀를 의심하게 했다.

문 작가에게 전화했지만, 스마트폰이 꺼져 있기에 불길한 예감이 들어 경찰서에 신고하고 문 작가의 주소지를 찾아 들어갔다. 쪽문이 달린 반 지하 초인종을 몇 번 누르고 두드렸지만, 인기척이 없었다. 도 화가는 문 작가로부터 받은 메시지를 경찰에게 보여 주었다. 경찰은 컴퓨터로 조회한다. 잠시 후 경찰은 눈을 똥그랗게 뜨더니 손가락으로 하늘을 가리켰다. 도 화가는 그 순간 설움이 복받치고 숨이 거칠어 실신하다시피 해 정신을 못 차린 상황에서 문 작가 비극의 종말에 오열한다.

스포일러 Spoiler는 원어로 훼방꾼, 사물을 망쳐놓는 사람을 지칭하기도 한다.

정상적인 사람의 사고방식과는 좀 동떨어지는 기인의 언행을 옆에서 지켜보는 사람은 항상 긴장하게 만든다. 힌때는 독사가 흥미와 관심을 두게 하지만 그런 돌발 행위가 그를 잘 아는 사람에게 정신적인 부담으로 작용하므로 어쩌면 흥행을 떨어뜨리는 원망스러운 주재일 수도 있다.

여기서 아쉬운 점은 종교의 궁극적인 목적은 인류를 구원하는 가치관에 두고 있다. 작품의 내용이 꼭 그런 사연으로 생을 마감했는지는 몰라도 좀 더 개과천선하는 기회를 줘서 행복한 삶을 누리도록 유도했으면 좋지 않았나 하고 생각해 본다.

화분

　　정분녀 여사가 바깥벽에 붙은 단조 화분대에서 거실로 화분들을 옮긴 것은 오래전이다. 그 화분들은 가끔 시장에서 사 온 작은 화분들이고, 큰 화분들은 거실에 있었다. 큰 화분들에는 산세비에리아, 앤슈리엄, 베고니아, 철쭉, 양란 등이 자라고 있다. 정분녀 여사는 그 꽃들의 이름을 다 알지 못한다. 굳이 알려고도 하지 않는다. 화초가 잘 자라고 꽃이 핀 것을 보며 즐거워하고, 아침저녁으로 잎사귀를 여닫는 것을 보고 신기해할 뿐이다. 단조 화분대는 7년여 전에 이 집으로 이사 온 후 작은아들이 설치한 것이고, 양란은 작년 봄에 생일을 맞았을 때 큰아들이 선물한 것이다. 특이하게 한 작은 화분에는 큰 화분에서 자라고 있는 화초의 가지를 잘라 심어 놓은 것이 있는데, 뿌리 없이도 자라고 꽃까지 피웠다. 그 작은 화분은 양자를 들어 키운 것이라고 할 수 있다. 엄밀히 말해 정분녀 여사 입장에서 보면 모든 화분에 있는 화초들은 자신이 꽃씨를 심어 키운 것이 아니다. 남이 꽃씨를 심어 키운 것을 기르는 것이다.

　　시내 변두리에 있는 지하 다방에는 이미자의 '동백 아가씨' 노래가 추적추적 흐르고 있었다. 그 노래 가사에는 분녀의 일생이 어느 정도 담겨 있는 듯도 했다. 그녀는 가사의 내용 그대로 '헤일 수 없이 수많은 밤'을 외로이 지새워 왔다. 분녀의 일생은 동백꽃 개화와 흡사하다. 분녀 자신은 그 좋은 계절들에 못 피고 한겨울에나 피어나는 동백꽃이었다. 그녀가 어릴 적 살던 시골 마을에는 한겨울이면 동백꽃이 피어났다. 새봄을 기약하며 마을을 붉게 물들인 동백꽃은 가슴을 설레게 했다. 으레 그렇

듯이 소녀들은 학교에 새로 부임한 젊은 남자 선생님을 흠모한다. 소녀들의 눈에는 그 선생님이 핸섬해 보인다. 분녀도 새내기 남교사를 짝사랑했었다. 수업 시간에 그 선생님이 질문하면 대답을 못하고 볼이 동백꽃처럼 붉어졌었다. 그 선생님은 활달한 애들의 차지였다. 그 선생님은 불과 2년 만에 도시로 전근을 가게 되었다. 분녀는 밤새워 러브레터를 썼다. 막상 그 선생님에게 다가가서 러브레터를 드리려니 가슴이 두근두근하고 떨려 포기했다. 그 선생님이 떠나고 나서 하룻밤을 뜬눈으로 울기만 했었다. 어린 마음에 그 선생님처럼 멋지게 생긴 남자를 만나 결혼하기를 꿈꿨었다.

'동백 아가씨' 노래가 끝나 갈 무렵 한 남자가 탁자로 다가왔다. 그 남자는 그녀의 이름을 확인한 후 최영필이라고 하며 인사를 했다. 분녀가 맞인사를 하자 최영필은 소파에 앉았다. 분녀는 그의 얼굴을 유심히 보았다. 그녀는 사전에 마담뚜가 그이 얼굴이 담긴 인물 흑백 사진을 보여주었을 때 흠칫 놀랐었다. 세월이 흘러 또렷하지는 않지만, 착각인지 몰라도 그 선생님과 닮아 보였었다. 마담뚜는 그 사진을 건네주고 준수하고 능력 있는 남자라며 입에 게 거품을 물었었다. 분녀는 이게 웬 횡재인가 싶었다. 이런 남자라면 그동안의 삶이 억울하지 않았다. 그 기분은 마담뚜의 그다음 말을 듣고서 사그라들었다. 그 남자는 세 자식이 딸린 사별남이었다. 그녀는 고민하지 않을 수 없었다. 결국 그녀는 고민 끝에 그를 만나 보기로 결심한 것이었다.

요즘이야 만혼이 늘어 40대 중반의 남자나 30대 후반의 여자가 결혼하기가 어렵지는 않지만 당시에는 어려웠다. 특히 노처녀에게는 재취자리가 아니면 쉽지 않았다.

두 사람이 통성명을 하고 나서 어색한 중에 레지가 탁자로 다가와서 분녀는 홍차를 시키고 최영필은 쌍화차를 시켰다.

최영필은 쌍화차에 있는 동근 노른자를 티스푼으로 저으며 만감이 교차하였다. 동근 노른자가 망가지듯 삶이 한순간에 엉망이 되었다. 아내를 사별한 지 불과 1년 만에 재혼하려니 죽은 아내에게 미안하고 죄스럽지만 어쩔 수 없었다. 딸자식이 하나라도 있다면 모를까 남자 혼자 돈벌이하며 아들자식 셋을 키우는 것은 무리였다. 최영필은 사전에 마담뚜로부터 여자 세 명의 인물 흑백 사진을 건네받았었다. 30대 초중반의 젊은 여자, 30대 중반의 우아한 여자, 30대 후반의 여자 사진을. 어느 남자가 젊고 예쁜 여자를 마다하랴마는, 최영필에게는 그게 중요한 게 아니었다. 진득하게 자식 셋을 길러 줄 여자가 필요했다. 결국 그는 30대 후반의 여자를 선택한 것이었다.

어느덧 지하 다방에는 이난영의 '목포의 눈물' 노래가 마음을 흔들고 홍차와 쌍화차의 향이 어우러지며 두 사람의 대화가 무르익어 갔다.

정분녀 여사는 물뿌리개에 물을 담아 화분들에 물을 주었다. 물을 자주 주어야 사는 화초가 있는 반면 물을 자주 주면 죽어 버리는 화초가 있다. 화초 각각에게 관심과 정성이 필요하다. 정 여사는 수건으로 잎사귀들도 일일이 닦아 주었다. 오랜 시간이 걸리고 지치는 일이지만 화초가 잘 자라게 하기 위해서는 그만큼 지극한 정성과 사랑이 필요하다. 부모와 자식 간의 관계와도 같다. 정 여사는 그전에는 화초를 기르지 않았다. 남편을 사별한 후로 슬픔에 젖어 살다가 적적하고 벗이 필요해서 기르게 된 것이었다. 재작년부터는 뒤꼍에 흙을 깔고 상추와 깻잎 등의 채소와 약초도 재배한다. 정 여사는 잎사귀의 닦음질을 마치고 화분들을 지긋이 바라보았다. 밖의 화초는 내버려 두어도 자라겠지만 집 안의 화초는 화분 없이 자랄 수 없다. 화분의 흙에 뿌리를 내리고 수분과 영양분을 빨아들여야 살고 자랄 수 있다. 화분은 모태와 같다. 어머니와 같다. 화분은 온몸을 다 바쳐 화초에게 터가 되고 먹여 자라게 한다. 바라지의 일생, 헌신의 일생, 희생의 일생이다. 정 여사는 화분의 일생에서 어머니의 일생, 여자의 일생을 느끼며 화분에 애착을 가졌다. 분녀의 엄마는 자식들을 먹여 키우기 위해 텃밭에서 허리가 굽도록 밭일을 하고, 장거리가 가득한 큰 대야를 머리에 이고 먼 길을 다리가 붓도록 걸어가서 시장에서 장사를 했다. 분녀는 6·25전쟁이 휴전된 이듬해에 꿈을 품고 무작정 상경했다. 홀로서기는 쉽지 않았다. 생계에 급급할 수밖에 없었다. 먹고살기 위해 온갖 잡일을 했다. 혼자 살아 나가는 것도 벅찬데 엄마는 자식들을 키우느라 얼마나 힘들었을까? 엄마의 희생과 고결함이 뼈저리게 느껴졌다. 정분녀 여사는 화분들을 바라보며 엄마와 자신의 지난 삶이 회상되어 자기도 모르게 눈가가 촉촉해졌다.

동백꽃이 질 무렵 따사로운 햇살이 몸과 마음을 포근하게 하고 있었다. 희망을 품고 새로운 삶을 시작하게 되니 세상이 밝아 보였다. 20년간의 독신 생활을 청산하고 새 출발을 하려니 긴장되기도 하지만 기대가 컸다. 빨간 기와집의 두꺼운 나무 대문이 열려 안으로 들어서니 너른 마당이 분녀를 환하게 맞아 주었다. 최영필과 정분녀는 따로 결혼식을 치르지 않았다. 정분녀가 최영필이 세 들어 사는 집의 대문턱을 넘은 순간 혼인은 성사된 것이었다. 셋방 앞에는 반지하 부엌이 있었고, 부엌 지붕은 장독대로 사용되고 있었으며, 햇빛을 받은 장독들은 반들반들 광이 나고 있었다. 앞날에 서광이 비치는 듯했다.

오후 늦은 시간이 되니 세 아들 모두 학교에서 돌아왔다. 최영필은 자식들을 안방으로 불러 그녀를 어머니라고 부르라고 하고 큰절을 올리게 했다. 분녀는 미소를 띠며 답례했다. 분녀는 비록 남의 자식들이지만 처음으로 "어머니" 소리를 듣고 감격스러웠다. 분녀의 새로운 가족생활이 시작되었다. 분녀의 어머니로서의 첫 역할은 저녁상을 차리는 일이었다. 반지하 부엌에 들어가 밥솥에 정부미와 보리쌀을 넣어 씻고 연탄불에 밥을 지었다. 김치찌개를 끓이고 콩나물 무침을 만들고 계란 프라이를 해서 밥상을 차렸다. 최영필 씨와 자식들이 첫술을 떴을 때는 긴장했지만 맛있게 먹는 모습을 보고 안도의 숨을 쉬고 기뻐했다. 다음 날부터는 자식들을 학교에 보내기 위해 새벽에 일어나 밥을 짓고 도시락을 싸 주어야 했다. 도시락 반찬은 주로 김치와 콩자반이었고, 정부미와 보리쌀을 섞어 지은 보리밥에 계란 프라이를 얹었다. 전날 저녁에 밥을 지어 놓고 새벽밥을 하지 않아도 되었지만, 분녀는 자식들에게 갓 지은 따뜻한 아침밥을 맛있게 먹이고 싶었다. 그 일은 늘 어김없었다. 가끔 밥상에 젓갈을 올렸다. 분녀가 살던 마을은 염전과 젓갈로 유명하다. 그 염전은 일제 강점기에 만들어졌는데, 해방 이후부터 천일염을 생산했다. 그 천일염은 전국적으로 인기가 있었다. 분녀의 엄마는 소금 채취가 절정기인 5, 6월에는 염전에 가서 일을 했다. 삽으로 소금을 쓸어 손수레에 담고 그 무거운 손수레를 끌고 가서 창고에 소금을 쌓는 일은 남자에게도 버거운 일이었다. 분녀의 엄마는 자식들을 키우기 위해 그 고생도 감내했다. 마을 길에는 젓갈을 파는 가게들이 즐비했다. 조기젓, 명란젓, 새우젓, 멸

치젓, 어리굴젓, 토하젓 등 수많은 맛깔스러운 젓갈이 방문객들의 눈길을 끌고 코를 찌르고 입맛을 돌게 했다. 어느 집 밥상에나 한두 가지 젓갈이 꼭 놓였고, 음식점들의 식탁에는 어김없이 다양한 젓갈이 배열되었다. 마을에는 항구가 있었다. 그 젓갈들은 주로 그 항구 앞바다에서 잡은 싱싱한 생선을 그 미네랄이 풍부한 천일염으로 절여 만들어 맛이 일품이었다. 분녀는 그 젓갈들을 먹으며 자랐고 염전과 젓갈과 항구의 정취에 휩싸여 소녀 시절을 보냈다. 분녀는 고향의 맛이 그리웠지만 시장에서 사 온 젓갈은 맛이 달라 그 젓갈이 아닌 게 틀림없었다. 분녀는 김장철이 되면 고향 염전의 소금과 멸치액젓으로 김치를 담가 겨우내 고향의 맛을 느끼리라고 마음먹었다. 다행히 최영필 씨는 시장 젓갈을 맛있게 먹었지만, 도시에서 자란 자식들은 젓갈이 입맛에 맞지 않은 듯했다. 주말이면 주로 다섯 식구의 빨래를 했다. 자신의 빨래만 하다가 다섯 배의 빨래를 무궁화 비누를 칠하고 빨래판에 문질러 하는 일은 보통 힘든 게 아니었다. 중노동이었다. 가뜩이나 분녀는 허리가 안 좋았었다. 그러한 일들은 늘 반복되었지만, 분녀는 가정을 꾸려 나간다는 생각에 위안이 되었다. 분녀는 자식들이 등교하고 최영필 씨가 돈벌이하러 나가고 나서 적적하면 툇마루에 앉아 장독들을 바라보았다. 고향 마을에는 어느 집에나 장독대가 있었고 장독들이 즐비했었다. 그 장독들에는 맛깔스러운 고추장, 된장, 간장, 젓갈, 김치 등이 들어 있었고 마을 사람들의 삶의 근간이었다. 분녀는 장독들을 바라보며 그런 맛깔스러운 삶을 살아가고자 하는 마음이 일었다.

정분녀 여사는 화분들을 걸레질하다가 한 토분에 금이 간 것을 발견했다. 그녀는 자신의 몸에 상처가 난 듯이 아팠다. 오래전부터 고급스럽고 보기 좋은 도사기 화분이 수를 이루고 인기가 있지만, 정 여사는 토분에 애착을 가졌다. 어릴 적 고향의 정취가 느껴졌다. 당시에 고향 마을 사람들은 토분에 화초를 키웠다. 마당 한편에 화초를 심어 키웠지만, 집 안에나 계단 등에는 토분이 한두 개씩 놓여 있었다. 분녀의 집은 허름한 기와집이었지만 마루에 화초가 자라고 있는 토분이 있었고, 마당 구석에는 화초가 시들어 말라비틀어져 있는 토분이 쓸쓸하게 놓여 있었다. 분녀의 엄마가 그 화초를 가꿀 짬이 나지 않았기 때문일 것이다. 분녀의 엄마는 아무리 바빠도 7월이 되면 마당 울타리 앞에서 자라고 있는 봉숭아의 꽃잎을 따서 분녀와 분녀의 언니의 손톱에 봉숭아 물을 들여 주었다. 빨간 봉선화와 잎사귀와 백반을 그릇에 넣어 찧어서 손톱에 붙인 후 헝겊으로 싸고 실로 동여매었다. 아침에 자고 일어나서 실을 풀고 헝겊을 벗기고 보면 손톱이 선녕하게 물들어 있었다. 요즘에는 여자애들에게 네일 아트가 인기가 있지만 봉숭아의 꽃잎을 따서 물들이는 정취가 없다. 간단하게 잡화점에서 파는 봉선화 물로 손톱에 물들이기를 하기도 하지만 그 또한 봉숭아의 꽃잎을 따서 물들이는 것과 정취가 다르다. 아쉬운 점은 분녀가 자기 엄마처럼 봉선화 물들이기를 해 줄 딸이 없었다는 것이다. 그 금이 간 토분은 봉숭아가 심어진 화분이었다. 봉숭아의 꽃말은 '소녀의 순정'이다. 정 여사는 그 화분을 보며 말 그대로 소녀 시절과 엄마를 회상하고 정감이 갔었는데 금이 간 것을 보고 아픔을 느꼈다.

마담뚜가 사전에 최영필 씨가 능력 있는 남자라고 꼬드겼었지만, 실상은 그렇지 않았다. 최영필은 동대문 시장, 방산 시장 등에서 물건을 떼어 상점들에 납품하는 일을 하고 있었다. 이윤이 박해 근근이 살림을 꾸려 나갈 정도였다. 세 아들자식의 학비를 위해서 허리띠를 졸라매야 할 정도였다. 경제권은 최영필이 쥐고 있었다. 빠듯한 살림이지만 그는 푼돈이나마 꾸준히 저축했다. 분녀는 찬거리 비용을 남편에게 타 써야 했다. 분녀에게 돌아올 여윳돈은 없었다. 그녀는 들었던 바와 딴판이지만 언젠가는 나은 날이 오리라는 희망을 품었다. 남편이 그전에 사업을 했던 터라 수완을 발휘할 수도 있고, 비록 남의 자식들이지만 커서 보은하리라는 기대를 가졌다. 분녀는 자기 자식을 갖고 싶었지만 불가능했다. 최영필은 예전에 정관 수술을 받았던 터였다. 분녀는 실망했지만 운명으로 받아들였다.

한여름 어느 날 막내아들이 동네 애들과 뛰어놀았는지 얼굴과 옷이 땀범벅이 된 채 돌아왔다. 분녀는 그 모습을 보고 처음으로 모성애가 자극되었다. 마당 수돗가에서 목욕을 시켜 줄 테니 옷을 벗으라고 했다. 막내아들은 중학생이라 그럴 나이가 아니지만 잠시 망설였다가 발가벗었다. 친모는 세상을 떠나기 전까지도 막내아들을 목욕을 시켜 주었기에 그는 습관적으로 발가벗었던 것이다. 분녀는 스스럼없이 자기 말을 듣는 것을 보고 기분이 좋고 목욕을 시켜 주면서 모성애를 느꼈다. 그러한 환경과 상황 속에 분녀와 최영필과 세 자식 간의 관계는 원만했다.

몇 개월이 지나며 그 원만한 관계에 금이 가기 시작했다. 분녀는 아무리 기대를 갖고 희망을 품었더라도 현실이 어렵다 보니 남편과 세 자식을 뒷바라지하는 데 지쳤고, 친부모와 자식 간에도 갈등이 있게 마련인데 사춘기 자식들의 행동들이 못마땅했다. 분녀는 자식들에 대한 불만을 남편에게 표출했고, 최영필은 그럴 때마다 자식들을 꾸지람했다. 그로 인해 최영필과 세 자식 간의 관계에도 금이 갔다. 이듬해에는 종교의 차이로 인해 갈등이 심화되었다. 최영필은 유교주의자이고 세 자식은 교회에 다녔는데, 최영필이 세 자식에게 전통 의식을 강제하다 보니 갈등이 심화되었다. 최영필이 자식을 매질하고 집에서 쫓아내도 소용없었다. 그럴수록 자식들의 반항심만 커졌다. 급기야 최영필은 자식들의 종교를 인정했지만, 분녀와 최영필과 자식들 간의 갈등은 해소되지 못하고 지속되었다.

그런 갈등 속에서도 최영필은 분녀의 의견으로 꾸준히 모았던 돈을 다 털어 작은 방 세 칸짜리 허름한 기와집을 샀다. 넓지는 않지만 마당이 있고, 화장실 지붕이 장독대로 사용되고 있었다. 장독대에는 빨랫줄도 설치되어 있었다. 방 두 칸은 세를 주고, 세 자식을 안방에 딸린 다락방에서 지내게 했다. 받은 셋돈이 대부분 장사 밑천으로 쓰여 살림이 빠듯하고 쌍미닫이를 사이에 두고 이들자식들과 같이 지내니 불편했지만 그래도 세입자에서 집주인이 되니 분녀는 마음이 편하고 뿌듯했다. 작은아들과 막내아들이 학교에 가고 남편과 큰아들이 돈벌이하러 나가고 나면 분녀는 집 안 청소를 했다. 마루를 얼마나 빡빡 문질러 닦았는지 반질반질 윤이 났다.

도자기 화분은 본디 반질반질하지만 걸레질하니 더욱 반질반질했다. 수건질한 앤슈리엄의 잎사귀와 육수 꽃차례를 둘러싸고 있는 불염포도 더욱 반질반질했다. 빨간 불염포는 심장 모양이라고 하지만 정분녀 여사의 눈에는 봉숭아의 꽃잎과 닮아 보였다. 봉선화 물들이기를 한 손톱같이도 보였다. 그렇기에 그녀에게 앤슈리엄은 봉숭아만큼이나 애착이 가는 식물이다. 앤슈리엄의 꽃말은 '사랑에 번민하는 마음'이다. 사랑해도 번민하지만 사랑을 못 받아도 번민한다. 꽃에게나 사람에게나 사랑이 필요하다.

시간이 흐를수록 분녀네 살림도 윤택해져 갔다. 작은아들이 학교를 졸업하고 번듯한 직장에 취직해 월급을 다 갖다 주어 생활 형편이 나아졌다. 여윳돈이 금 간 데를 때웠다. 분녀는 남편으로부터 전에 없던 용돈을 받았다. 분녀는 위안이 되고 얼굴이 펴졌다. 그 후에 큰아들은 분가한 뒤 군대에 갔지만, 막내아들도 학교를 졸업하고 내로라하는 직장에 취업해 월급을 다 갖다 주었다. 생활 형편은 더 나아졌고 갈등은 봉합된 듯했고 웃음꽃이 피기도 했다. 분녀의 불만, 최영필의 잔소리, 자식들의 반항심이 가뭄에 콩 나듯했다. 최영필과 분녀의 생일날에는 온 가족이 한자리에 모여 전례 없는 생일 파티를 했다. 생일 케이크에 촛불을 묻이고 박수를 치며 생일 축하 노래를 부른 후 입바람을 불어 촛불을 끄고 신나게 박수를 쳤다. 명절날에도 온 가족이 함께 모였다. 큰아들이 결혼한 후에는 큰며느리와 큰손자도 자리를 함께했다. 식사를 한 후 자식들은 고스톱을 했는데 최영필은 화투판을 보면 못하게 했다. 그는 도박이라면 질색하고 금기시했다. 최영필은 화투판을 윷판으로 바꿨다. 온 가족이 편을 갈라 윷을 던지며 깔깔대고 즐거워했다. 지는 편이 구멍가게에 가서 군것질거리를 사 왔다. 온 가족이 둘러앉아 군것질하며 분위기가 화기애애했다. 가을철에는 최영필과 분녀는 계 모임 회원들과 단체 관광을 갔다. 내장산으로 단풍 구경을 갔다. 최영필과 분녀로서는 처음으로 함께하는 뜻 깊은 여행이었다. 내장산은 분녀가 소녀 시절에 살던 고향 마을에서 거리가 불과 40km이지만 당시에는 그녀는 한 번도 가 보지 못했다. 내장산 단풍만큼 화려하지 않아도 분녀가 살던 고향 마을 주변에 있는 산의 단풍도 아름다웠다. 봉우리와 괴석과 계곡과 폭포와 저수지와 갈대와 코스모스, 국화 등 가을꽃과 어우러져 장관이었다. 고향 마을에서 서쪽으로 20km 떨어진 바닷가에는 기묘한 층암절벽이 있었다. 분녀는 어릴 적에 오빠들과 언니와 함께 버스를 타고 그 층암절벽이 있는 바닷가에 가 본 기억이 있다. 처음으로 분녀의 눈에 들어온 그 기묘한 층암절벽과 바닷가는 신비로웠다. 해식 동굴에는 천기가 숨겨져 있는 듯했다. 바위틈에 숨은 게를 잡기도 하고 모래사장에서 맨발로 뛰어 놀기도 했다. 시간 가는 줄 모르고 정신없이 놀다 보니 어느덧 해가 기울고 있었다. 드넓은 수평선 위의 웅장한 붉은 해와 노을에 분녀는 입을 벌린 채 꼼짝 못 했다. 마을 포구에서 자주 일몰의 광경을 봤지만 비교가 안 되었다. 해가 숨을 거두고 나서 귀가했을 때는 한밤중이었다. 큰오빠는 고된 뱃일을 마치고 먼저 돌아왔던 아빠에게 회초리로 맞으며 호되게 혼났다. 분녀는 왕복 몇 시간을 버스를 타고 나니 탈진해서 방에 들어가자마자 쓰러져 잠들었다. 꿈을 꾼 듯했다. 너무 힘들어서 그 후로 그곳에 다시 가지 않았지만 추억이 아련했다. 봄철에는 최영필과 분녀는 계 모임 회원들과 제주도로 유채꽃 구경을 갔다. 분녀는 난생처음 타 보는 비행기와 가 보는 제주도에 마음이 설렜다. 만개한 노란 유채꽃과 연분홍 벚꽃이 앙상블을 이루어 한 폭의 그림이고 예술이었다. 고향 마을에도 사월이면 유채꽃이 만개했다. 그 노란 유채꽃은 분녀의 마음을 설레게 했다. 그녀는 제주도에서 유채꽃을 보며 고향 마을에서의 소녀 시절을 회상하고 향수에 젖었다. 최영필과 분녀는 행락 철이면 그렇게 계

모임 회원들과 관광을 다니기도 하고, 가끔 몇몇 회원이 집으로 찾아오면 카세트테이프로 음악을 틀어 놓고 흥겹게 지르박을 추기도 하며 삶을 즐겼다.

어느 날 정분녀 여사는 분무기로 화초의 잎사귀들에 물을 뿌리다가 봉숭아가 심어진 토분에 금이 더 간 것을 발견했다. 그녀는 그 토분에 애착을 가졌는데 속상했다. 그 봉숭아가 심어진 토분은 정분녀 여사 자신과 같았다. 그 토분의 일생은 자신의 일생과 같이 여겨졌다. 분녀는 소녀 시절을 고향 집 마당 울타리 앞에서 자라던 봉숭아와 마루에 놓여 있던 토분과 함께했다. 봉숭아가 심어진 금이 간 토분은 고향을 떠난 후와 또 제2의 삶을 사는 금이 간 자신과 같았다. 정 여사는 금이 갔다고 그 토분을 버릴 수 없었다. 정 여사 자신이, 자신의 인생이 버려지는 것과 같았다.

눈보라가 휘몰아치다가도 꽃피는 봄이 오고, 날씨가 좋다가도 태풍이 몰려오듯이 최영필과 분녀의 생활이 계속 순탄하지만은 않았다. 봄이 되어 작은아들이 결혼을 해서 분가해 들어오는 돈이 푹 줄어들었다. 부풀었던 풍선에서 바람이 새기 시작했다. 최영필은 전부터 하던 일을 지속했었지만 분발할 필요가 있었다. 일을 하며 불던 휘파람이 가쁜 숨소리로 변했다. 결혼한 자식들은 자기들 먹고살기에 급급했다. 그래도 생활에 다소나마 여유가 있었는데 그 후에 막내아들이 직장을 그만두어 생활에 여유가 없어졌다. 웃음기도 가시고 계 모임 회원들과 놀러 가는 것도 뜸해졌다. 최영필은 늘 하던 일이지만 나이가 먹어 가고 희망이 사라져 힘들게 느껴졌다. 일을 하고 돌아오면 허리가 아파 아내에게 허리를 안마하게 했다. 아이러니하게 허리는 분녀가 더 아팠다. 끊어질 듯이 아팠다. 원래 허리가 안 좋았었지만 이 집안에 와서 남편과 세 자식을 뒷바라지하느라 심해졌다. 허리가 아플수록 자식들과 남편에 대한 불만이 커졌다. 남편에게 내가 이 집의 종이냐며 불만을 토했다. 최영필은 거리를 다니며 일하느라 차량의 배기가스를 많이 마셔 폐가 안 좋아져 가뜩이나 힘든 데다 아내의 불만을 들으면 열불이 났다. 아내에게 짜증을 내고 화를 냈다. 분녀는 자식들을 감싼다며 더욱 불만을 토했고 최영필은 고성을 질렀다. 두 사람 간에 고성이 오가는 말다툼이 잦아졌다. 부부 싸움을 심하게 하고 나서 분녀는 처음으로 가출했다. 이틀이 지나도 돌아오지 않자 최영필은 처형 집에 가서 분녀를 구슬려 데려왔다. 그러고 나서 한동안 집 안은 조용했지만 부부 싸움은 반복될 수밖에 없었다. 서로 말을 안 하다가 풀어지기가 예사였다. 최영필은 몸이 아파도 생계를 유지하기 위해 돈벌이하러 나가야 했다. 그러던 어느 날 그는 밖에서 일하다가 길바닥에 주저앉았다. 가슴이 쥐어짜듯 아팠다. 간신히 일어나 일을 하다 말고 귀가했다가 다음 날에도 통증이 심해 종합병원에 가서 진찰을 받으니 협심증이었다. 한동안은 심장약으로 버텼지만 호흡이 곤란해져 급기야 협심증 수술을 받았다. 설상가상 분녀의 허리 통증도 심해져 종합병원에 갔더니 디스크라는 진단이 내려졌다. 결국 그녀도 수술을 받을 수밖에 없었다. 디스크 수술 후 분녀는 회복실에서 눈을 떴다. 마취에서 깨어났으나 몸이 움식여지지 않았다. 눈앞에 막내아들의 얼굴이 어른거렸다. 그녀는 막내아들을 보자 설움이 복받쳤다. "아이고, 나는 이제 불구가 되려나 보다. 이 몸이 움직여지지가 않는다" 하며 울음을 터트렸다. 막내아들은 "어머니, 걱정하지 마세요. 좀 있으면 괜찮아질 거예요" 하고 안심시켜 주었다. 수술을 받고 나서 최영필과 분녀는 몸이 호전되었다. 문제는 병이 완쾌된 게 아니라는 것이었다. 최영필은 주치의로부터 심장약을 매일 복용하라는 권고를 받았다. 그러지 않으면 심장 마비가 일어날 수도 있다고 했다. 최영필은 겁이 나서 주치의의 말에 따라 심장약을 하루도 거르지 않고 복용해서 심장은 괜찮았지만 잔병치레는 끊이지 않았다. 몸이 쇠약해져도 먹고살기 위해 쉴 수 없었다. 그렇지만 밖에서 일하는 시간이 날이 갈수록 줄어들었다. 그만큼 수입이 줄어들 수밖에 없었다. 빠듯한 살림에서 헤어날 수 없었다. 명절날에나 생일날에 자식들이 용돈을 주었지만 대부분 생활비에 충당했다. 분녀도 시간이 흐르며 허리가 다시 아팠다. 디스크를 앓을 때만큼 심하지 않아도 통증이 가실 날이 없었다. 골반도 비틀어져 있었다. 분녀는 허리가 안 좋아도 급기야 처음으로 일터에 뛰어들었다. 도시락 공장에 취업해서 도시락을 싸는 일을 했다. 작업 시간 내내 서서 일해야 했다. 허리가 보통 아픈 게 아니었다. 결국 그녀는 2주일을 다니고서 포기했다. 허리가 아픈 그녀에게 일은 무리였다. 분녀와 최영필은 몸이 안 좋은 데다 수입이 쥐꼬리만 해 삶이 고달팠다. 그런 중에 다행히 막내아들이 다시 회사에 취직해 생활비를 보냈다. 전과 같이 내로라하는 직장은 아니어서 갖다 주는 돈이 많지 않지만 이전보다 생활 형편이 다소 나아지니 다행이었다.

정분녀 여사는 보름간 몸살감기를 앓아 화초에 신경을 못 썼다. 보름간 모과차와 쌍화차를 꾸준히 마셨더니 많이 나아진 듯하다. 쌍화차는 남편이 생전에 즐겨 마시던 차다. 정 여사는 최영필 씨를 지하 다방에서 처음 만났을 때 그가 티스푼으로 노른자를 젓고서 쌍화차를 마시던 모습이 회상되었다. 엊그제 같은데 벌써 45년 세월이 흘렀다. 어쩌면 그동안의 인생이 감기에 걸린 삶이 아니었나 싶었다. 정분녀 여사는 화초의 잎사귀와 화분을 닦아 주기 위해 자리를 털고 일어났다. 그녀는 수건과 걸레를 들고 거실로 가서 화초의 잎사귀와 화분을 닦으려다가 깜짝 놀랐다. 봉숭아가 심어진 토분에 또 다른 금이 가 있었다. 그 토분도 몸살 감기를 앓고 있는 것 같았다. 그녀는 더욱 속이 상했다. 며칠 후 작은아들 내외가 방문했기에 작은아들에게 토분에 또 다른 금이 간 것을 얘기했더니, 작은아들은 실리콘을 사 와서 토분에 금 간 데들을 때워 주었다. 정 여사의 상한 마음은 다소 누그러들었다.

재개발을 추진한다는 소문이 돌았다. 주민끼리 만나면 재개발을 화두로 설왕설래했다. 허름한 집을 가진 주민은 찬성했고 요 몇 년 사이에 새로 몇 층의 집을 지은 주민은 반대했다. 허름한 집이 대다수였기에 찬성이 우세했다. 집값이 들썩들썩했다. 시내와 가까운 마지막 노른자위 땅이라고 여겨져 하루아침에 두세 배 뛰었다. 막내아들이 퇴근하고 돌아오자 최영필이 그를 안방으로 불렀다. 최영필은 막내아들에게 부동산 매매 계약서를 보여 주며 청천벽력 같은 소리를 했다. 이 집을 팔아 돈을 절반씩 나누어 갈라서기로 했다는 것이다. 이십여 년간 갈등이 끈질기게 옥죄고 이혼한다는 소리가 숱했지만 실행에 옮기기는 처음이었다. 집값 급등이 기폭제와 화근이 된 것이나. 막상 실행에 옮기니 최영필과 정분녀 여사는 마음이 후련한지 오히려 표정이 평온하고 입가에 미소까지 띠었다. 막내아들은 기가 막혔다. 매매 대금도 터무니없었지만 이혼은 받아들일 수 없는 일이었다. 막내아들의 설득에 결국 막내아들이 위약금을 대기로 하고 사태는 무마되었다. 그 후 재개발 추진 위원회가 승인되자 집값이 다시 급등했다. 그로 인해 고질병이 도졌다. 최영필은 또 막내아들에게 부동산 매매 계약서를 보여 주며 똑같은 소리를 했다. 막내아들은 허탈했다. 매매 대금이 전보다 3배 이상이지만 그 또한 터무니없었고 이혼은 더욱 받아들일 수 없었다. 문제는 막내아들이 그 계약금만큼의 위약금을 당장 대기가 어렵고 최영필과 정분녀 여사의 이혼 의지가 그토록 확고하다는 것이었다. 며칠 후 명절날이 되어 큰아들과 작은아들 식구들이 집을 찾아왔다. 최영필은 큰아들과 작은아들에게도 부동산 매매 계약서를 보여 주고 똑같은 소리를 했다. 명절 분위기는 순식간에 자취를 감추었다. 하루 종일 집안 분위기가 침울했다. 다행히 저녁 때가 되어 큰아들과 작은아들의 설득에 최영필과 정분녀 여사는 이혼을 포기하기로 했다. 그럼더라도 내친김에 집은 그냥 팔고 이사하기로 결정했다.

앤슈리엄이 시들했다. 잎사귀와 불염포의 색이 바랜 듯하고, 육수 꽃차례도 생기가 없어 보였다. 물을 자주 주었는데 이상한 일이었다. 앤슈리엄은 봉숭아만큼이나 애착을 가진 식물인데 속상했다. 정분녀 여사는 앤슈리엄의 잎사귀들과 불염포들을 수건질하고 나서 밖으로 나갔다. 마트에 가서 앰플을 사 와 화분에 꽂아 주었다. 그 덕분에 앤슈리엄은 생기가 돈 듯했는데, 며칠 후 다시 시들해졌다. 밑에 있는 잎사귀는 끝이 누렇게 변하고 있었다. 문제는 화분에 있는 듯했다. 분갈이할 필요가 있는 것 같았다.

새집은 빌라라서 전의 허름한 기와집보다는 살기가 편했지만 생활이 곤란했다. 최영필은 새집으로 온 후 하던 일을 그만두었다. 나이도 칠십이 훨씬 넘고 여러 가지 병이 겹쳐 건강이 안 좋아 밖에서 돌아다니며 돈벌이하기는 어려웠다. 가뜩이나 새집으로 이사하기 전에 막내아들이 늦장가를 가서 분가해 보태 주던 생활비가 줄어들어 생활이 어려워졌다. 설상가상 몇 달 뒤에는 그 돈마저 끊겨 생활이 곤란했다. 급기야 최영필은 자신의 생일날에 세 자식에게 불만을 토로했다. 생활이 곤란하니 매달 생활비를 보내 달라고 했다. 그러고 나서야 매달 통장에 금액이 찍혀 생활의 곤란을 면하고 다소 여유를 찾을 수 있었다.

최영필은 새집으로 온 후 일주일에 몇 번씩 노인 복지관에 다녔다. 저렴하게 제공하는 점심을 사 먹고 바둑을 두는 일을 낙으로 삼았다. 그 낙은 몇 년간 지속되었다. 그러다가 80세가 넘자 심신이 급격히 허약해졌다. 날이 갈수록 바깥출입이 줄어들고 누워서 지내는 시간이 늘어났다. 그는 자신의 시간이 얼마 남지 않았음을 직감했다. 결국 그는 새집에 온 지 10년 만에 잠자리에 누운 채 세상을 떠났다. 정분녀 여사는 잠자다가 불길한 느낌이 들어 새벽에 눈을 떴다가 숨을 쉬지 않는 최영필 씨를 보고 아연실색했다. 작은아들에게 전화해서 한 시간 뒤에 작은아들이 와서 차로 병원으로 옮겼으나 이미 사망했던 터였다. 사망 원인은 급성 심장사로 적혔다. 정 여사는 통곡했다. 37년 전 최영필 씨를 지하 다방에서 처음 만난 뒤로 지금까지의 일들이 주마등처럼 머릿속을 스쳤다. 미운 정 고운 정이 다 들었었다. 함께 즐거운 시간을 보내기도 했다. 이제는 그의 다정함만이 머릿속에 남아 있다. 장례는 삼일장으로 치르기로 했는데, 뜻밖의 일이 벌어졌다. 최영필의 사망 후 경찰서에서 계모를 색안경을 쓰고 보아 돌연사로 의심해 정분녀 여사는 조사까지 받았었는데, 검찰에서 정확한 사인을 알기 위해 부검해야 한다는 것이었다. 정 여사는 남편이 세상을 떠나 가뜩이나 슬픈데 비참하고 원통했다. 다행히 국과수의 부검 결과 타살 흔적이 없다는 1차 소견이 나왔지만, 최종 부검 결과는 한 달 뒤에야 나온다고 했다. 우여곡절을 겪으며 사일장으로 장례를 치르고 나서, 정분녀 여사와 세 아들자식은 혹시라도 잘못된 결과가 나올까 봐 한 달간 조마조마했다. 결국에는 사인이 자연사로 최종 판명됐지만, 정분녀 여사는 억울한 일을 겪은 것이었다.

앤슈리엄을 분갈이하고 나서 앤슈리엄은 다시 생기가 돌아 보였다. 잎사귀와 불염포는 반질반질 윤이 나고 육수 꽃차례도 힘 있게 솟아 있었다. 문제는 봉숭아도 시들해진 것이었다. 밑의 잎사귀들은 누렇게 바래져 가고 있었다. 정분녀 여사는 봉숭아기 병든 모습을 보니 너무 속상했다. 며칠 동안 토분에 앰플을 계속해서 꽂아 주었지만 소용없었다. 봉숭아도 분갈이해 줄 필요가 있는 것 같았으나, 정 여사는 그 금이 간 토분을 자신과 같이 여겼기에 분갈이하는 것은 생각할 수 없는 일이었다.

정분녀 여사는 남편이 세상을 떠나고 나서 오랫동안 슬픔에 젖어 살았다. 그러던 중에 큰 화를 당했다. 동네 음식점에서 지인들과 생선찌개를 먹었는데 탈이 났다. 생선이 상했던지 식중독으로 몸에 두드러기가 났다. 정 여사는 약국에서 피마자기름을 사 와 마셨다. 어릴 때 두드러기나 나면 엄마가 피마자기름을 먹여 씻은 듯이 나았었다. 다행히 두드러기는 말끔히 가라앉았다. 불행히 며칠 뒤에 피부병이 재발했다. 돼지고기가 먹고 싶어 정육점에서 사 와 요리해 먹었는데 알레르기가 발생한 것이다. 피부에 벌겋게 발진이 일어났다. 그녀는 또 피마자기름을 마셨지만 구토를 하고 설사를 했다. 날이 갈수록 증상은 심해졌다. 발진이 온몸으로 번지고 가려웠다. 계속 긁어서 피가 나고 딱지가 지고 까매졌다. 가려워서 밤에 잠도 잘 수 없었다. 수면제를 먹지 않으면 잠잘 수 없었다. 자다가도 긁었다. 피부병 치료를 잘한다는 병원들에 다 가 보고 대한민국에서 최고로 치는 병원에도 가 봤지만 소용없었다. 치료가 불가능하다는 절망적인 진단까지 받았다. 주사를 너무 맞고 피부약을 너무 복용해서 내성으로 인해 약효가 저하되고 합병증까지 발생했다. 병원에서는 더 이상 주사를 놓아 줄 수 없다고 했다. 정 여사가 사정사정해도 통하지 않았다. 수면제도 더는 효과가 없었다. 온몸이 가렵고 잠도 잘 못 자고 먹는 것도 제대로 못 먹고 소화도 잘 안 되어 심신이 허약해지고 고통스러웠다. 그녀는 3년 이상을 그러다 보니 삶의 의욕까지 상실했다. 그런 중에 막내아들이 천일염을 가져와 매일 물에 타서 마시고 온몸에 바르라고 권고했다. 정 여사는 어릴 적에 민간요법으로 고향 염전의 천일염을 물에 타서 치료에 사용한 기억이 났다. 그녀는 막내아들의 말에 따라 매일 그대로 했다. 그러다가 식초도 함께 타서 했다. 놀랍게도 1년쯤 지나자 피부병은 기적적으로 완치되었다. 오히려 피부가 더 고와지고 더욱 건강해졌다. 정 여사는 이제는 고향 염전의 천일염으로 수시로 그리하고 있다. 정분녀 여사는 그동안 파란만장한 삶을 살았지만, 남편이 별세한 후로 세 아들자식과 더불어 잘 살고 있다. 자식들은 매달 꼬박꼬박 생활비를 보내오고 특별한 날이면 용돈도 주고 있다. 정 여사는 남들에게 자식들이 친자식보다 더 잘해 준다고 자랑한다. 정 여사는 이제 행복을 조금씩 느끼는 것 같았다.

정분녀 여사는 시들어 가는 봉숭아를 바라보며 고민하다가 결심했다. 분갈이하기로 작정했다. 그 금이 간 화분도 이제는 안식할 필요가 있었다.

- 「화분」 전문

「화분」에 등장하는 정분녀는 늦은 나이에도 어린 소녀처럼 꿈과 희망을 간직한 청순한 여인이다. 그 시절 노처녀에게 결혼은 재취 자리가 아니면 쉽지 않았다.

마담뚜가 흑백 사진을 보여주며 최영필 씨가 능력 있는 남자라고 꼬드겼다.

지하다방에서 만난 최영필은 소녀 시절 학교에 새로 부임한 젊은 남자 선생님을 흠모했던 이상형이었다. 첫눈에 마음이 들어 가연佳緣을 허락했다.

그녀는 좋은 배우자를 만나 행복한 삶을 영위할 수도 있었으나 아기를 낳을 수 없는 사별남에 세 아들이 있는 결손 가족과 혼인해 자신 스스로가 선택한 험로 한 인생 여정이 시작되었다.

삶의 고통에서 화분에 자라는 꽃이 자신이 사는 모습과 비슷하다고 감성을 느끼며 그녀는 토분이 파손 시는 무척 마음 아파했다.

재건축 관계로 돈을 벌어 새로운 집으로 이사해 단란한 가정을 이뤄 살며 자식들이 성장해 생활비를 보태주었다. 한때는 여유로운 삶을 누려 계모임으로 제주도 여행 시 처음 타보는 비행기와 여행의 즐거움과 설렘은 행복으로 이어진다.

늦은 나이에 가슴으로 낳은 세 아들과 지아비를 섬기고 헌신하며 넉넉지 않은 가정을 꾸려갔다. 인생을 함께한 남편의 심장병과 자신의 허리 디스크는 어려운 생활의 연속이었다. '삶에 지친 집안의 갈등', '때로는 이혼결심', '괴롭히는 병마' 등 인생여정의 희로애락과 파란만장한 삶을 극복하며, 노후에 행복한 삶을 사는 사유와 성찰이 깊은 소설이다. 남편이 별세한 노후에 효성 깊은 세 아들과 손주를 돌보며, 단란한 가정을 이뤄 행복한 삶을 누리는 해피 앤딩의 감동이 감명깊게 다가온다.

마. 소설가 김명석의 소설 세계

소설의 주제와 소재를 잘 구성해 전개해 나가는 과정이 일품이다. 앞으로 다양한 주제의 소설을 써서 문운이 들어 대성하기 바란다.

에필로그

12
에필로그

　이번 종합 평론집을 발간하면서 작가의 작품 전체를 지면에 싫으냐 아니면 주요한 일부분만 요약 발췌해 싫으냐에 대한 깊은 고심을 했다.
　책 페이지의 한계와 할애, 글의 영역 문제에 대한 제한사항으로 평론을 논하는데 어려움이 많이 따랐다.
　원래 작가의 시, 수필, 소설 등 작품을 평론할 때는 전부 지면에 전문을 게재하고 평론을 해야 한다. 그럴 경우 시편의 경우는 문장 구절이 짧아서 전문 게재가 가능하나 수필이나 소설은 그 분량이 방대해 짧은 평론에 비해 여러 가지 문제가 발생한다.
　기존에 발간해 시중에 나도는 대다수의 평론 책은 시편 외는 전문을 싣지 않고서 통상 문학평론을 하고 있어서 어찌 보면 실체 없이 허공에 대고 말하고 글 쓰는 모양새가 되었다.
　그런 연고로 작가의 작품을 잘 모르고 알지 못하는 상황에서 독자들은 평론 글을 들여다보고 이해해야 하는 어려움이 따랐다.
　그러나 필자는 독자의 이해를 돕기 위해 시, 수필, 소설의 전문을 싣고서 독자가 쉽게 이해하도록 도움을 주었다.
　전문은 분량이 방대하고 평론은 짧게 요약해 발췌한 글로서 장단점이 있어 어떤 방식의 평론이 좋은지는 계속 연구 발전 보완해야 할 과

제이다.

  우리의 문학은 미래 지향적으로 계속 발전해서 누구나 쉽게 읽히고 향유하는 기반이 조성되어 즐겁고 행복한 삶이 유지되도록 문학세계도 폭넓게 펼쳐지기를 기대한다.